SIXIÈME ÉDITION

Vᵗᵉ Henri de BORNIER

LES

NOCES D'ATTILA

DRAME EN QUATRE ACTES, EN VERS

Représenté sur le Théâtre de l'Odéon
le 23 Mars 1880

PARIS

E. DENTU, ÉDITEUR

LIBRAIRE DE LA SOCIÉTÉ DES GENS DE LETTRES

PALAIS-ROYAL, 15, 17, 19, GALERIE D'ORLÉANS

1880

LES

NOCES D'ATTILA

DRAME

Paris. — Société anonyme d'Imprimerie. — PAUL DUPONT, Dr.

Vte HENRI DE BORNIER

LES
NOCES D'ATTILA

DRAME EN QUATRE ACTES, EN VERS

Représenté sur le THÉATRE DE L'ODÉON
le 23 mars 1880.

SIXIÈME ÉDITION

PARIS

E. DENTU, ÉDITEUR

LIBRAIRE DE LA SOCIÉTÉ DES GENS DE LETTRES

PALAIS-ROYAL, 15, 17, 19, GALERIE D'ORLÉANS.

1880.

Tous droits réservés.

A MON AMI

M. DU QUESNEL

DIRECTEUR DE L'ODÉON

Témoignage de gratitude et d'affection

HENRI DE BORNIER

PERSONNAGES:

ATTILA.	MM. Demaine.
HERNOCK. . . . } ses fils . . . . . . }	Vialdy.
ELLAK . . . . . }	Rebel.
WALTER, général franc.	Marais.
HERRIC, roi des Burgondes.	Pujol.
MUNDO, poëte et devin d'Attila . . .	François.
MAXIMIN, ambassadeur de Rome . .	Brémont.
ULDEN, officier hun.	Bouland.
GALLUS.	Foucault.
GUNTHER	Laferté.
HILDIGA, fille de Herric.	Mᵐᵉˢ Roussel.
GÉRONTIA, Parisienne	Méa.
HERKLÉ, prêtresse d'Odin.	Malcy Roussel.

SOLDATS HUNS, CAPTIFS, FEMMES HUNNIQUES.

LES
NOCES D'ATTILA

DRAME

ACTE PREMIER.

Une rive du Danube. — Pont de bateaux au fond. —
Rochers, sapins couverts de neige.

SCÈNE PREMIÈRE.

MUNDO, ULDEN, HERKLÉ, debout sur un rocher entouré de femmes
huuniques.

ULDEN, regardant à l'horizon et appelant Mundo.

Mundo, regarde : au bord du Danube, en avant,
Ce drapeau rouge et noir qui flotte dans le vent...

MUNDO.

C'est le drapeau du prince Hernock.

ULDEN.

Mais la bannière

D'Attila, je la cherche en vain.

MUNDO.

C'est la dernière,

A deux stades plus loin.

ULDEN.

En effet. — Taisons-nous :
La prêtresse d'Odin parle au peuple à genoux.

(Ils se rapprochent du rocher où la prêtresse est debout.)

HERKLÉ.

Femmes, enfants, voici vos maris et vos pères ;
Les loups, la proie aux dents, rentrent dans leurs repaires ;
Louves et louveteaux, dont s'allument les yeux,
Venez joindre à leurs cris vos hurlements joyeux.

(La foule pousse de grands cris de joie féroce.)

Écoutez cependant : — Attila nous apporte
Le butin de la guerre, et moi je vous exhorte ;
Chacun le doit servir ici de son côté :
Les hommes ont la force ; ayons la cruauté !
Il va nous partager les captifs, les captives,
Et déjà l'on entend là-bas leurs voix plaintives ;
Ces femmes, ces enfants des Germains, des Romains,
Des Burgondes, des Francs, vont tomber en nos mains.
Courbons ces fronts altiers, broyons ces cœurs rebelles,
Et soyons sans pitié, surtout pour les plus belles !
Regardez-les venir, tête nue et pieds nus,

Sous la neige et le vent, sous nos cieux inconnus,
Sous le fouet des soldats, comme un troupeau de chiennes !
Que vos mains leur soient donc dures comme les miennes !
Suivez-moi pour jouir plus tôt de leur effroi,
De leur rage impuissante et lâche ! — Suivez-moi !

(Cris au dehors. Elle sort par le pont de bateaux, suivie de la foule des enfants et des femmes hunniques.)

SCÈNE II.

MUNDO, ULDEN.

MUNDO.

Encore du butin, des captifs, des esclaves !
Plus de morts vaudrait mieux !

ULDEN.

     Eh ! quels dangers si graves
Vois-tu donc là ? Les Huns sont joyeux.

MUNDO.

       Je vois bien.

ULDEN.

J'aime cette joie.

MUNDO.

  Oui.

ULDEN.

  Que dis-tu tout bas ?

MUNDO.

Rien.

ULDEN.

N'es-tu donc pas content?

MUNDO.

S'il faut que je le dise,
Eh bien! non, cher Ulden; tu connais ma franchise
Avec chacun, avec Attila même, ici;
Donc, si tu veux avoir mon avis, le voici :
— Onégèse le Grec, ton maître en politique,
T'apprit tous les secrets de l'art diplomatique;
Moi, je ne suis qu'un barde, un devin-magicien;
Cependant, mon avis.....

ULDEN.

Vaut très souvent le mien.

MUNDO.

Nos affaires, c'est vrai, vont bien en apparence;
Notre triomphe en tout passe mon espérance :
Les gloires d'Attila marchent à pas égaux;
Il a dompté Germains, Gaulois, Romains et Goths;
Aux serres du vautour nul ne peut se soustraire;
Son frère le gênait, il a tué son frère;
J'applaudirais, n'était la crainte et le soupçon
Qu'il n'agisse bientôt de toute autre façon!

ULDEN.

Il le devrait peut-être. En dix ans — qui l'ignore? —

N'a-t-il pas assez fait? Rome régnait encore,
Ou plutôt l'univers, soumis mais frémissant,
La regardait croupir dans la fange et le sang.
Tout à coup, sur ce tas de Tyrs et de Sodomes
Bondirent à la fois près d'un million d'hommes;
Concordia, Padoue et cent autres cités,
Vingt royaumes, par nous furent si bien traités,
En Gaule, en Italie et dans la Grèce entière,
Qu'un même nom pour tous suffirait : Cimetière !

MUNDO.

C'était là le bon temps, des vaillants regretté :
Un vainqueur diplomate est un vainqueur gâté!
Attila, fin, sournois et parlant le langage
Des rhéteurs byzantins... cela me met en rage !
Le vrai barbare est fait pour tuer et brûler,
Pour dompter un pays sans jamais s'y mêler,
Et pour rentrer, sans rien demander au vieux monde,
Dans l'immensité morne, inconnue et profonde!
C'est ce que fit d'abord Attila; mon ennui
Est de penser qu'il fasse autrement aujourd'hui ;
Que, semblable aux Romains dont il punit les crimes,
Il revienne chargé de dépouilles opimes!
Ne dit-on même pas — je n'y croirai jamais ! —
Qu'avec Rome s'il vient de conclure la paix,
C'est qu'on doit lui donner, par formelle promesse,
Pour femme je ne sais quelle auguste princesse!
Il serait insensé.....

ULDEN.

Non, il serait adroit !

MUNDO.

Ne parle pas ainsi, ma fureur s'en accroît.
Hier j'interrogeais les baguettes de chêne ;
Leur réponse trois fois fut obscure, incertaine :
« La colombe a crié, le vautour a gémi ! »
Ont-elles répondu. Cela me trouble, ami.
Car un tort d'Attila, dont aussi tu le blâmes,
C'est d'augmenter toujours le nombre de ses femmes ;
Tant qu'il a composé ce bizarre trésor
Des femmes de Hunnie ou de Scythie, encor
Je le lui pardonnais ; notre race guerrière
Eut pour père un démon, pour mère une sorcière,
Le marais méotide est son berceau sacré,
Et nos femmes du moins n'ont pas dégénéré :
Comme le chêne ayant cœur dur et dure écorce,
Détruisant leur beauté pour augmenter leur force,
Teint noir, nez écrasé, visage plat, front haut,
Membres de fer, — voilà les femmes qu'il lui faut !

ULDEN, souriant.

Il est loin, cher Mundo, de mépriser les nôtres.

MUNDO.

Si ! C'est les mépriser que d'en estimer d'autres !
Ces filles d'occident, beautés au doux regard,
Lui porteront malheur, j'en suis sûr, tôt ou tard !
Je voudrais me tromper en parlant de la sorte,

Je n'ai que trop raison.

ULDEN.

Tais-toi! Voici l'escorte
Et les captifs conduits par Hernock.

MUNDO.

Celui-là
Me plaît, car il est bien le vrai sang d'Attila :
Il décide, il agit, frappe et tue en silence ;
Pour peser le devoir de tous, dans la balance
Il met sa hache et rien de plus !

ULDEN.

Dans tous les cas,
Son jeune frère Ellak ne lui ressemble pas.

MUNDO.

C'est que le prince Ellak, qu'un sang moins âpre excite,
Est fils d'une Germaine, Hernock fils d'une Scythe.

ULDEN.

Voici les prisonniers. -- Quel sombre désespoir !
— Le roi Herric, d'abord... Tu ris ?

MUNDO.

Oui, j'aime à voir
Ce roi traînant le char qui le portait naguère,
Car les rois seraient trop heureux, n'était la guerre !

(Les captifs arrivent par le pont, traînant les chariots, entre deux haies de Huns qui
les menacent de leurs armes et de leurs fouets. Ulden va au devant d'eux et leur
parle un instant.)

SCÈNE III.

MUNDO, ULDEN, HERNOCK, ELLAK, HERRIC,
GÉRONTIA, HILDIGA, HERKLÉ ;
GUERRIERS HUNS, CAPTIFS ET CAPTIVES.

ULDEN, à Hernock.

Prince, les prisonniers refusent d'avancer ;
Ils sont las, disent-ils, bien las.

HERNOCK.

                              Pour commencer
Frappez avec le fouet.

MUNDO.

                    Réponse nette et brève !

ULDEN.

Et ceux qui sont blessés, prince?

HERNOCK.

                              Qu'on les achève.

HILDIGA, à Herric, qu'elle soutient avec peine.

Viens, père!

HERRIC.

Je ne puis ! — Non !

                              (Il chancelle.)

                    Ma fille, ta main !
Mes forces sont à bout ; prince Hernock, sois humain :

Laisse-moi reposer un peu sur cette pierre.
(Il s'assied.)

Ma voix s'éteint, le jour accable ma paupière.....
L'air est noir et glacé, le chemin est si long,
Et la neige est aux pieds plus lourde que le plomb !

HERNOCK, aux soldats.

Rangez les prisonniers sur les rives du fleuve.

HERRIC, aux prisonniers.

Chrétiens, soumettons-nous, et prions dans l'épreuve.

ULDEN, à Hernock.

Prince, de près je crois que ton père te suit ;
Pour ne rien retarder pourtant, avant la nuit,
Nous pourrions entre tous, Hernock, selon l'usage,
Partager les captifs.

HERNOCK.

Commence le partage.

ULDEN.

Prisonniers, avancez. — Cette femme là-bas,
Qui se cache et qui porte un enfant dans ses bras,
Amenez-la.

GÉROSTIA, à une captive, lui donnant son enfant.

Ma sœur, voici l'instant terrible !
Éloigne de leurs yeux mon fils, si c'est possible.

(La captive prend l'enfant, et remonte vers le pont de bateaux.)

HERNOCK, à Gérontia.

Ton nom ?

GÉRONTIA.

Gérontia.

HERNOCK.

Ton pays?

GÉRONTIA.

La cité

De Lutèce.

HERNOCK.

Oui, je sais... où l'on a résisté.

GÉRONTIA.

J'ai fait comme mes sœurs et comme Geneviève ;
Je fus prise par vous plus tard, malgré la trêve.

HERNOCK.

C'est bien ; assez !

ULDEN, aux Huns.

Qui veut de cette femme?

HERKLÉ.

Moi !

La femme sans l'enfant.

ULDEN.

Personne plus que toi

Ne voudra de l'enfant : sa mère encor l'allaite.
Ainsi, que ferons-nous de l'enfant ?

HERNOCK.

                              Qu'on le jette
Au Danube.

HERKLÉ.

C'est bien, je prends la femme.

GÉRONTIA, s'éloignant des Huns qui veulent lui enlever l'enfant.

                                   Non !
Ah ! je prierais vos Dieux, si j'en savais le nom !
Je ne te prierai pas, toi, femme ! Je devine
Que rien d'humain ne bat dans ta fauve poitrine ;
Mais vous, je vous supplie, hommes ! Quoique païens,
Vous êtes hommes, vous ! — Qu'on amène vos chiens,
Qu'on leur montre l'enfant et ce que l'on prépare,
Et tes chiens sauveront l'enfant, foule barbare !

HERKLÉ.

Nous avons déjà trop de nos enfants à nous ;
Que ferais-je du tien ?

GÉRONTIA, repoussant toujours ceux qui veulent lui prendre son enfant.

                    Oh ! non ! — A deux genoux !
Laissez-moi vous prier !..... Réfléchissez encore !
Si vous saviez !..... Chez nous, un fils..... cela s'adore !
Le voir englouti là, sous le flot étouffant !...
Vous ne le voudrez pas.....

HERNOCK.

Au Danube l'enfant !

GÉRONTIA, courant au pont, son fils dans ses bras.

Au Danube l'enfant ! — Ah ! fleuve du supplice,
Sois maudit, toi qui sers aux monstres de complice !
Et vous, guerriers sans cœur, femmes, princes, bandits,
Démons que renierait Satan, soyez maudits !
Soyez maudits deux fois dans votre joie amère :
Le fleuve aura l'enfant, mais il aura la mère !
— Allons, mon fils ! Il dort : il ne souffrira pas !

HERKLÉ.

Attends ! je sauverai ton enfant du trépas ;
Je vous prends tous les deux, car tu m'as décidée
Par ton ardent courage.....

(A part.)

Et puis, j'ai mon idée !

HERNOCK, à Ulden.

Achève le partage, et fais vite !

ULDEN, montrant Hildiga et Herric qui sont restés au fond, tout accablé.

Le roi
Des Burgondes, Herric, et sa fille, je croi,
La princesse Hildiga.

HERNOCK.

Roi, viens ici !

HILDIGA.

Viens, père !

HERRIC, chancelant.

Impossible !

HILDIGA.

Mon bras te soutiendra, j'espère.

HERRIC, s'appuyant sur elle.

Tu crois ?... Essayons.

(Hildiga veut le soutenir, mais elle chancelle à son tour.)

HILDIGA.

Ah ! je suis trop faible, hélas !

HERNOCK, au roi Herric.

Esclave, avance ! ou bien......

GÉRONTIA, allant vers Herric et lui offrant son bras.

Allons, roi ! prends ce bras ;
Soutiens aussi ton père, Hildiga... Du courage,
Princesse ! Pour les rois plus dur est l'esclavage :
Tombés, ils sont brisés ; l'habitude qu'ils ont
Des longs bonheurs leur fait le malheur plus profond ;
Vous étiez — rien de plus ne vous reste peut-être ! —
Des princes non méchants ; prends mon bras, pauvre maître !

(Herric s'avance, soutenu par Gérontia et Hildiga.)

ULDEN.

La princesse Hildiga..... Qui la réclame ?

HERNOCK.

Moi.

SCÈNE IV.

LES MÊMES, ELLAK.

ELLAK, qui, depuis un moment, écoutait à droite.

Et moi de même.

HERNOCK.

Ellak! — Ah! mon frère, c'est toi?
Depuis longtemps je veux pour esclave une reine;
Aucun autre désir, crois-le bien, ne m'entraîne.
Mais j'aurai celle-ci. Je le veux.

ELLAK.

C'est à tort.

HERNOCK.

Je suis l'aîné.....

ELLAK.

Qu'importe?

HERNOCK.

Et je suis le plus fort.

ELLAK.

Peut-être! Cède-moi cette femme, te dis-je.

HERNOCK.

Non.

ELLAK.

Encore une fois...

HERNOCK.

J'ai dit : non.

ELLAK.

Je l'exige ;
Hernock, je te connais ! ton cœur ne peut nourrir
Que de mauvais desseins ; tu la ferais souffrir,
Et, par ta rage aveugle ou tes lâchetés noires,
Tu déshonorerais en elle nos victoires !

HERNOCK, tirant son épée.

Eh bien ! de cet affront ton sang sera le prix !
Défends-toi, si tu peux !

(Les deux frères se menacent de leur hache.)

SCÈNE V.

LES MÊMES, ATTILA.

ATTILA, paraissant au fond.

Bas les armes, mes fils !
Voilà donc — approchez, soldats, pour mieux entendre —
Ce qu'après moi de vous l'empire peut attendre ;
Cet empire, plus grand que le monde romain,
Qu'en feriez-vous tous deux, si je mourais demain ?
Du Rhin jusqu'au Volga, par vos fureurs contraires,
Vous en feriez le champ de bataille des frères ;

Et quand cent mille Huns, aux plaines que voilà,
Tomberaient morts : Ce sont les enfants d'Attila !
Se diraient tout joyeux les corbeaux dans la nue ;
Mais cette heure sinistre encor n'est pas venue,
Pour détruire mon œuvre on attendra longtemps ;
Tant pis pour vous, mes fils : je n'ai pas cinquante ans !
Malheureux ! Faut-il donc moi-même vous redire
Ce que pour le fonder m'a coûté cet empire ?
J'avais un frère aussi ! l'héritage commun
Entre nous divisé, le vieux royaume hun
Perdait sa force avec son avenir de gloire ;
Je l'ai sauvé ! Comment ? Demandez à l'histoire !
Comme moi Romulus agit en pareil cas ;
Mais, moi vivant, mes fils ne m'imiteront pas !
— Ellak, tu te souviens comme moi que ta mère,
Voilà dix ans, se mit du parti de mon frère ;
La prison est pour elle un trop doux châtiment,
Ne me rappelle pas que je fus trop clément !
— Hernock, jusqu'à ce jour, soit dit à ta louange,
Je fus content de toi. Quand on change, je change,
Et je n'en suis que plus sévère, songes-y !
Pour vos querelles dont l'instant est mal choisi ;
Je devrais vous punir tous deux, je vous pardonne,
Mais tendez-vous la main.

ELLAK.

Voici la mienne.

ATTILA.

Donne

A ton frère la main, Hernock.

HERNOCK.

Je ne veux pas.

ATTILA.

Eh bien, mettez aux fers le prince Hernock, soldats !

(Hernock se précipite au devant des soldats d'un air menaçant, mais il s'arrête devant
le regard d'Attila.)

ATTILA.

Faites !

(Hernock sort avec les soldats.)

Si parmi vous, soldats, quelqu'un me blâme,
— Attila le permet — qu'on parle, qu'on réclame !
Personne ne répond ? Je devine pourtant
Que ma justice ici fait plus d'un mécontent ;
A garder le silence on croit être plus sage,
Mais je lis dans le cœur comme sur le visage,
Rien n'échappe au regard du maître ! — Approchez-vous.

(Les soldats se rapprochent. Attila passe devant les rangs en promenant ses yeux de
l'un à l'autre.)

Je saurai bien juger ce que vous pensez tous !

(A un soldat.)

Toi, vieux soldat, tu sais qu'un maître, quand on l'aime,
Fait toujours bien...

(A un autre.)

Et toi de même !...

(A un autre.)

Et toi de même

(A un quatrième.)

Toi, tu me blâmes.... Oui ! Je le sens, je le vois ;

2

— Qu'on emmène cet homme, et qu'on le mette en croix !

(Attila saisit le soldat et le jette aux autres qui l'emmènent.)

HERRIC, *comme se réveillant.*

Attila !... mène-moi vers Attila, ma fille !
Je veux le voir en face.

(Hildiga le conduit vers Attila.)

                Oui, ce regard qui brille
Comme un feu dans la nuit sous ces sourcils couverts,
C'est le sien ! Voilà donc l'effroi de l'univers !
C'est la voix d'Attila qui frappait mon oreille !
D'où vient qu'à cette voix ma force se réveille ?
Oui, l'on verra, si Dieu soutient encore mon cœur.
Le roi vaincu parler debout au roi vainqueur !

(Il se redresse devant Attila immobile.)

Attila, par ta main Dieu me dompte et me broie ;
Ma misère est ta gloire, et mon peuple est ta proie,
Ta volonté terrible est son seul avenir,
Pour la dernière fois laisse-moi le bénir.

ATTILA.

Tu peux parler vieillard. Tu défendis ta ville
Vaillamment contre moi ; ce fut gloire inutile,
Mais j'aime qu'on soit brave, et je veux t'écouter.

MUNDO.

Puis, un vaincu qui parle est moins à redouter !

HERRIC, *aux captifs.*

Mes enfants, notre espoir est fini dans ce monde ;

Nous allons tous entrer dans cette nuit profonde
Qu'on nomme l'esclavage, en attendant la mort ;
Mais, du moins, nos malheurs ne sont pas un remord ;
Nous avons combattu pour Dieu, pour la patrie ;
Notre âme est torturée, elle n'est point flétrie,
Et nous pouvons encore, après ce triste adieu,
Livrer d'autres combats pour la patrie et Dieu.
Bien souffrir, c'est combattre ; et bien mourir, c'est vaincre
Ne vous laissez donc pas ébranler et convaincre
Si l'on vous dit bientôt : Le ciel est contre vous,
Et la patrie est loin... — La patrie est en nous !
On ne la perd jamais quand on garde son culte,
Quand on prévoit sa gloire après la longue insulte ;
Oui, pour sauver enfin ce grand peuple éperdu,
Surgira dans la nuit quelqu'un d'inattendu ;
Le monde, frissonnant sous le fléau qui marche,
Ne voit que le déluge aujourd'hui... Je vois l'arche !
— Entrez donc dans ce deuil sans amers repentirs,
Car vous fûtes héros et vous êtes martyrs !
Je vous bénis, vaincus de la bataille sombre
Où la victoire infâme a courtisé le nombre ;
Vieillards, femmes, enfants en holocauste offerts
Aux noirs démons, je baise et je bénis vos fers !
Je bénis même, afin qu'elle vous soit meilleure,
Cette terre qui va vous saisir tout à l'heure,
Ce sol dur, ces forêts où se perdront vos pas,
Et ces fleuves d'exil qu'on ne remonte pas !
Et même, afin que Dieu les touche et les inspire,

Je bénis peuple et roi de ce sinistre empire !
Oui, je les bénirai, s'ils ont enfin pitié,
De l'univers coupable et par eux châtié !
— Attila, roi des Huns, qui toi-même te nommes
Fléau de Dieu, prends garde à cette heure où nous sommes ;
Quand un homme, conduit par la céleste main,
A pour les temps nouveaux balayé le chemin,
Dans sa joie insensée et son orgueil barbare,
Il croit avoir détruit le monde..... il le prépare !
S'il veut aller trop loin d'un seul pas, un seul jour,
L'aile du châtiment le renverse à son tour ;
La victoire n'est pas seulement infidèle,
Elle sait se venger quand on abuse d'elle !
— Si tu n'as pas compris ma parole, c'est bien,
C'est que Dieu veut te perdre, et l'homme n'y peut rien.

ATTILA.

Je t'ai laissé parler, roi ; c'est déjà peut-être
La preuve qu'Attila n'est point un rude maître.
Je ferai mieux encor : vous n'aurez pour prison
Ici, ta fille et toi, que ma propre maison.
— Ce n'est point un palais comme le tien, princesse :
Excuse-nous.

HILDIGA.

          Un prince aurait trop de bassesse
S., quand son peuple entier subit un tel tourment,
La perte d'un palais l'occupait un moment !

ATTILA.

La réponse, Hildiga, me plaît, quoique hautaine !
— Viens, approche, aide un peu ma mémoire incertaine...
Il me semble t'avoir rencontrée autrefois ?

HILDIGA.

C'est impossible.

ATTILA.

Oui, c'est une erreur, je le vois.
— Tu devais me haïr ?

HILDIGA.

Oui.

ATTILA.

Tu me hais encore ?

HILDIGA.

Oui.

ATTILA.

Tu me haïras donc toujours ?

HILDIGA.

Je l'ignore.

ATTILA.

Pourquoi tressailles-tu ?

HILDIGA, regardant l'horizon.

C'est que là-bas, là-bas,

Je crois entendre... Ecoute ! écoute ! n'est-ce pas
La trompette des Francs ?

(On entend un son lointain de clairon.)

ATTILA.

C'est vrai !

ULDEN, regardant du côté du fleuve.

Sur l'autre rive
Un groupe de guerriers en toute hâte arrive.

ATTILA.

Ce sont des Francs.

(Le clairon recommence.)

ULDEN.

Encore !

ATTILA.

Oui, ce son dur et bref
Annonce à l'ennemi la visite d'un chef.

ULDEN.

Faut-il lui répondre ?

ATTILA.

Oui. Du haut de cette roche
Qu'à leur tour nos clairons lui répondent : Approche.

(Des soldats montent sur le rocher et sonnent le clairon. Quelques instants après, une
troupe de Francs, Walter en tête, arrive sur le pont et marche vers Attila.)

SCÈNE VI.

Les Mêmes, WALTER.

WALTER.

Roi des Huns, je connais le danger qui m'attend,
Mais je fais mon devoir.

ATTILA.

Eh bien ! parle à l'instant !

WALTER.

C'est moi qui le premier, aux champs cataloniques,
Renversai sous tes yeux tes cavaliers hunniques.

ATTILA.

Ton nom ?

WALTER.

Walter. Je suis général franc.

ATTILA.

Walter,
Toi qui m'oses parler ici d'un ton si fier,
Me diras-tu d'où naît cette assurance étrange ?

WALTER.

Je viens te proposer, roi des Huns, un échange :
Ce n'est pas le premier qu'on te propose ainsi ;

Puisses-tu l'accepter! J'apporte — les voici —
Cent drachmes pesant d'or.

(Il montre des sacs de cuir que portent ses compagnons.)

ATTILA.

           Pour une telle somme,
Guerrier franc, que peux-tu me demander?

WALTER.

                 Un homme,
Une femme.

ATTILA.

         On peut voir. Et quels sont-ils?

WALTER.

               Le roi
Herric, avec sa fille.

ATTILA.

          Et je refuse, moi!
L'échange que tu viens m'offrir, je le refuse,
Mais je garde ton or! Que personne n'accuse
Ici ma bonne foi, car tu vas convenir
Que tes cent drachmes d'or doivent m'appartenir:
Tu sais qu'à Sirmium, ville par moi conquise,
J'avais dans mon butin les vases de l'église;
Cependant les vaincus m'ont volé ce trésor,
J'ai donc le droit de prendre à la place ton or!

WALTER.

Il suffit. Prends mon or. Il m'est permis sans doute
De t'offrir un nouvel échange?

ATTILA.

Je t'écoute.

WALTER.

Herric, le roi Burgonde, et sa fille Hildiga,
Courbés par tous les maux que Dieu leur prodigua,
Qu'en ferait-on ici? Moi, je suis jeune et brave;
Rends-leur la liberté, garde-moi comme esclave;
Je te servirai mieux qu'une femme, un vieillard;
Libre, je deviendrais ton ennemi plus tard;
Captif, je ne peux rien contre toi ni personne.
Voilà ton intérêt.

ATTILA.

Oui, ton idée est bonne!
Mais je n'ai pas besoin d'échanger contre toi,
Puisque tu m'appartiens, la princesse et le roi;
Tu m'appartiens depuis longtemps! tu vas comprendre:
D'après tous les traités, tu sais qu'on doit me rendre
Les transfuges qui m'ont trahi jusques ici;
Qu'on me les rende. Alors je te rendrai.

WALTER.

Merci,
Roi! Car, loin de gémir sur mon destin funeste,

Je trouve plus de prix au seul bien qui me reste.

ATTILA.

Ta vie est dans mes mains comme ta liberté,
Que te reste-t-il donc?

WALTER.

L'honneur et la fierté.

ATTILA.

Herric, connaissais-tu Walter?

HERRIC.

Par son courage
Et son nom seulement, mais jamais son visage
N'avait frappé mes yeux.

ATTILA.

Et toi, princesse?

HILDIGA.

Non;
C'est par son dévouement que je connais son nom.

ATTILA.

D'où vient ce dévouement? Walter va nous le dire.

HILDIGA.

Parle : comme Attila, Walter, je le désire.
Pourquoi viens-tu chercher, toi libre, jeune et fort,
Pourquoi viens-tu chercher l'esclavage ou la mort?

WALTER.

L'esclavage et la mort n'ont rien dont je m'effraie ;
Les braver, c'est la vie et la liberté vraie.

HILDIGA.

Oui, l'on peut tout braver pour son peuple ou son roi,
Mais tu ne connaissais ni mon père ni moi.

WALTER.

Tu te trompes.

HILDIGA.

Comment ?

WALTER.

Princesse.....

HILDIGA.

Il le faut. Parle.

WALTER.

Eh bien ! voilà deux ans, dans le grand palais d'Arle,
Ton père avait voulu réunir sous tes yeux
Les chefs les plus puissants et les plus glorieux.
Le roi Herric, debout sous le dais d'or qui brille,
Te dit ces mots : « Choisis un roi, reine ma fille,
« Et choisis un époux ! » — Alors, tous à la fois
Se levèrent les ducs, les comtes et les rois ;
Tous, superbes, pensifs, la main sur leur épée,
Attendirent. Et toi, d'éclairs enveloppée,

Sous les feux de l'acier, sous les feux du soleil,
Sous le feu des regards, dans un nimbe vermeil,
De tes grands yeux profonds parcourant l'assemblée,
Tu lui dis d'une voix par les larmes troublée :
« Celui qui chassera des Gaules Attila,
« Dès ce jour je le prends pour époux! » J'étais là.

HILDIGA.

Toi, Walter ?

WALTER.

       Au milieu de tous ces chefs d'armée,
Moi je n'avais alora ni rang ni renommée,
Et jamais d'autre espoir n'approcha de mon cœur
Que d'admirer du fond de l'ombre le vainqueur !
Que te dirai-je ? hélas ! trop lourde était la tâche ;
Il est des temps maudits où le destin est lâche !
Un jour, on réunit dans le même palais
Ces mêmes chefs auxquels autrefois tu parlais ;
« Vos princes sont captifs, la fille avec le père,
« Leur dis-je, il faut aller au fond de son repaire
« Tenter le ravisseur par des trésors nouveaux. »
Mais tous ces rois, jadis pour ton trône rivaux,
Ne furent plus rivaux à l'heure différente :
Tous cherchaient un abri pour leur famille errante,
Ou de sauver leur trône avaient l'amer souci.
Moi, je n'ai pas de trône à sauver : me voici.

ATTILA.

C'est bien, Walter, c'est bien! Je t'admire, et j'envie

Ton courage ; mais rien ne menace ta vie,
A moins que ton orgueil et ta témérité
Ne fatiguent plus tard ma générosité !

HILDIGA.

C'est trop peu, roi des Huns, c'est trop peu pour ta gloire,
Walter est libre encor, je veux du moins le croire ;
Si tu le retenais par cette trahison,
Tous les mépris qu'on t'a jetés auraient raison ;
Et moi, que tout à l'heure étonnait ta clémence,
Je la repousserais par un dégoût immense,
Sachant que c'est sans doute un moins cruel ennui
De haïr son vainqueur que de rougir de lui !

ATTILA.

Hildiga, c'est assez ; c'était peu ma coutume
De supporter longtemps l'insulte et l'amertume,
Mais un roi doit savoir contenir son courroux,
Pas toujours cependant !

(A la foule.)

Allez, laissez-moi tous.

HENRIC, en passant devant Attila.

Attila, je te plains ; le mal en toi demeure,
Tes générosités ne durent pas une heure,
Et, sans doute déjà dans ton cœur j'entrevois
Naître d'autres desseins.....

ATTILA, violemment.

C'en est trop cette fois !

Apprends, roi sans royaume et prophète en délire,
Qu'Attila dans son cœur ne permet pas de lire.
Tu ne le pourrais pas d'ailleurs ; tes faibles yeux
Seraient brûlés devant l'éclair mystérieux ;
Et l'avenir lui-même, avec fureur peut-être,
Pourra me condamner, mais non pas me connaître !
Ce que tu dois savoir, le voici : l'empereur
Des Romains m'a promis pour épouse sa sœur ;
Je l'attends dans un mois. Je placerai près d'elle
Hildiga comme amie et compagne fidèle.
Peux-tu t'en plaindre ? Non. Calme donc ton effroi,
Roi Herric ; mais ta fille attend. Va, laisse-moi.

(Tout le monde s'éloigne. Mundo, pendant le défilé, s'arrête seul un instant.)

MUNDO.

Adieu, maître.

ATTILA.

         C'est toi, Mundo ? Mon vieux poète,
Aujourd'hui, tu le vois, ma victoire est complète ;
La fille des Césars, va me donner sa main,
Pour nous c'est un beau jour.

MUNDO.

           Attendons à demain !

ATTILA.

Dans tes craintes encor voilà que tu retombes.

MUNDO, en s'éloignant.

Oui, si j'étais vautour j'aurais peur des colombes !

FIN DU PREMIER ACTE.

ACTE DEUXIÈME.

SCÈNE PREMIÈRE.

HILDIGA, MUNDO, WALTER.

MUNDO, entrant avec Hildiga et Walter.

Voici ce qu'Attila me charge de te dire,
Hildiga. — J'obéis, mais cela me fait rire. —
La princesse romaine, on l'affirme du moins,
Arrive, et ce grand fait nous aura pour témoins !
Attila — la folie est au cœur de tout homme —
Veut avoir une cour comme un César de Rome !
De là vient tout ce luxe et ce brillant palais
Et tes riches habits, que je trouve fort laids !
— N'importe : te voilà maintenant avertie.
De la nouvelle cour Walter fera partie,
Car le nom du vaincu rend le vainqueur plus fier.
Tous deux vous attendrez ici même. — Walter,
Un avis maintenant qu'à toi surtout je donne :
Vous avez l'air trop sombre ; Attila vous ordonne

D'être gais, puisqu'il l'est ! Pour tous l'ordre est pareil.
Voici le prince Ellak ; prenez de lui conseil.

(Il sort en regardant entrer Ellak.)

SCÈNE II.

ELLAK, WALTER, HILDIGA.

ELLAK.

Je vous cherchais tous deux. Nul ne peut nous entendre.
Ici même mon père aujourd'hui doit attendre
La princesse romaine Honoria ; ce soir
Il l'épouse. Pour vous c'est un dernier espoir.

WALTER.

Que veux-tu dire, Ellak ?

ELLAK.

             Avant tout, l'un et l'autre
Croyez-le bien, je n'ai qu'un intérêt : le vôtre ;
Je suis fils d'Attila, mais j'ai, malgré mon nom,
Un cœur juste et loyal. En doutez-vous ?

HILDIGA.

                       Non.

WALTER.

                       Non,

Ellak : j'ai remarqué, jusque dans ton silence,
Une mystérieuse et tendre vigilance.
Explique-nous pourquoi, fils d'Attila ?

ELLAK.

                                    Pourquoi ?
Il n'importe. Le temps nous presse, écoutez-moi.
Quand on aura reçu la princesse et sa suite,
Je peux, je veux, je dois assurer votre fuite,
Les regards des gardiens seront moins attentifs.
Mon char emportera dans la nuit trois captifs :
Le roi Herric, Walter, Hildiga.

WALTER.

                                Mais toi-même ?
Si ton père apprend tout, dans sa fureur extrême.....

ELLAK.

Ne craignez rien pour moi : je vais partir aussi,
J'irai seul au pays de ma mère.

HILDIGA.

                                Merci,
Merci pour nous, Ellak !

WALTER, montrant Hildiga.

                        Merci surtout pour elle !

ELLAK.

Ce que je fais, Walter, est chose naturelle :
Ma mère, comme vous captive, loin de moi,

3

De mon père subit l'impitoyable loi ;
Je ne puis l'arracher à sa longue souffrance.
Mais pour ma mère, hélas ! et pour sa délivrance
Ce que je ne peux pas, je le ferai pour vous.

HILDIGA.

Ellak, à notre tour pour toi que ferons-nous ?
La dette de Walter et celle de mon père
Et la mienne, comment te les payer ?

ELLAK.

J'espère
Que vous serez heureux, et pour moi c'est assez.
Vous ne me devez rien. Au contraire : pensez
Que peut-être, entraîné sur une sombre trace,
Sans vous j'aurais été méchant comme ma race ;
Vous m'avez rendu bon pour toujours ! — Cependant,
Quand vous serez là-bas, sous le beau ciel ardent,
Songez qu'il est ici, sous ce soleil sans flamme,
Quelqu'un dont l'âme triste a deviné votre âme ;
Quand vous serez heureux, libres, unis, époux.....

HILDIGA.

Walter !

WALTER.

Ellak, tais-toi !

ELLAK.

Vous-mêmes, taisez-vous !

Vous comprendrez que j'ai raison, quand viendra l'heure
J'ai ma blessure aussi, mais la vôtre est meilleure !
Vous vous aimez : l'amour… tout malheur a le sien !
Vous ne le saviez pas, mais mon cœur le sait bien !
— Adieu. Gardez en vous l'espérance muette,
Défiez-vous d'Hernock dont la haine vous guette,
Et surtout de mon père ! A ce soir donc.

WALTER.

Ta main !

ELLAK.

L'esclavage aujourd'hui, la liberté demain !
(Il sort.)

SCÈNE III.

WALTER, HILDIGA.

HILDIGA.

La liberté, Walter ! quoi ! ce n'est pas un rêve ?
Il est donc vrai : le voile horrible se soulève !
Non, ce rêve est trop beau : c'est impossible, hélas !
Non, non, Ellak se trompe.

WALTER.

Il ne se trompe pas.
Tout ce qu'il dit est vrai.

HILDIGA.

Tout ce qu'il dit ?

WALTER.

                              Sans doute.

HILDIGA.

Tout ce qu'il dit, Walter ?

WALTER.

                        Oui ; que Dieu qui m'écoute
Soit témoin ! Dans mon cœur je garderais encor
Ce secret cher et doux comme on garde un trésor,
Mais puisqu'un autre a dit pour moi le mot suprême,
A mon tour, humble et fier, je te le dis : — Je t'aime !
Oui, je t'aime ! Autrefois, au temps de ta grandeur, —
J'aurais eu cette altière et farouche pudeur
D'étouffer mon amour ; mais ici, sous l'orage,
Dans la tourmente horrible où grandit ton courage,
Dans le deuil, dans l'exil plus noir que le trépas,
T'admirer sans t'aimer, je ne le pouvais pas !
Je ne sais quel mystère et quel charme environne
Divinement ce front qui n'a plus de couronne ;
Ton regard de martyre a des rayons si doux
Qu'ils semblent attirer notre âme malgré nous,
Et parfois tout à coup, par un contraste étrange,
On croit y voir briller le glaive de l'archange !
Je t'aime de l'amour le seul digne de toi,
Fait d'attendrissement, de respect et de foi ;
Quand les cieux mêmes sont au méchants débonnaires,
A cette heure coupable où dorment les tonnerres,
Il me semble que Dieu me permet aujourd'hui

De retrouver en toi quelque chose de lui,
Pour rallumer encor mon courage et ma flamme,
Mon amour, le voilà : — mon âme aime ton âme !

HILDIGA.

Ton âme aime mon âme ! — Oui, Walter, tu dis bien
Ce que je sens aussi : mon cœur aime le tien !
Reine, je t'aimerais, comme je t'aime esclave :
Mais, comme notre sort, que notre amour soit grave ;
Que cet amour, profond dans la crainte ou l'espoir,
Étant né dans le deuil, vive pour le devoir !
Nous allons échapper à nos longues misères,
Mais d'autres resteront ici, qui sont nos frères ;
Si nous les laissions seuls dans l'exil éternel,
Notre bonheur serait injuste et criminel !
Délivrés avant eux, n'ayons qu'une espérance,
N'ayons qu'une pensée au cœur : leur délivrance !
Nous y travaillerons par l'or et par le fer ;
Il faut que pas un d'eux ne reste en cet enfer ;
Il le faut ! Et plus tard, quand je serai ta femme,
Si Dieu me rend le trône après ce joug infâme,
N'imitons pas ces rois qui cherchent à bannir
Des leçons de l'exil l'importun souvenir !

WALTER.

Je comprends, Hildiga ; j'agirai de la sorte
Mais qui donc t'a donné cette âme tendre et forte
Où vient chaque vertu triompher à son tour ?

HILDIGA.

Dieu d'abord, le malheur plus tard, enfin l'amour !
Maintenant, quelque joie à nos cœurs est permise ;
Dieu sans doute d'Ellak bénira l'entreprise,
Et cette liberté qu'il prépare pour nous…

WALTER.

Silence : Attila vient !

(Ils s'écartent un peu, pendant qu'Attila entre avec sa suite.)

*

SCÈNE IV.

WALTER, HILDIGA, ATTILA, ULDEN, MUNDO, FOULE.

ATTILA, à la foule qui hésite à entrer.

Je le veux, entrez tous.
Le consul Maximin aujourd'hui nous amène
La sœur de l'empereur, la princesse romaine
Honoria ; l'escorte approche. Accueillons-les,
Tous les deux, comme il sied, dans mon nouveau palais.
— Toi qui l'as fait construire, Ulden, fais-nous connaître
Ses merveilles ; allons, nous t'écoutons.

ULDEN.

Oui, maître.
Mon architecte grec en a dressé le plan
D'après les grands palais d'Athène et de Milan.

MUNDO.

Tant pis ! Avec ses mœurs un peuple a tort de rompre.

Et servir de la sorte un roi, c'est le corrompre!

ATTILA.

Toujours railleur, Mundo?

MUNDO.

Toujours, maître.

ULDEN, montrant du geste le palais.

                                        Voici
Le *xyste* tout peuplé d'arbres rares.

MUNDO.

                                        Ainsi,
Les chênes de nos bois n'ont rien qui vous suffise?
Mais vos arbres mourront à la première bise!

ULDEN.

Voici l'*impluvium* où, sous des murs épais,
Au bruit d'une onde fraîche on peut dormir en paix,
Ici ce sont les bains et leurs piscines neuves...
Des bains de marbre!

MUNDO.

                        Alors à quoi servent les fleuves?

ULDEN, allant vers la fenêtre à droite.
Ici — Mundo, toi-même applaudis des deux mains —
C'est le cirque pareil aux grands cirques romains.
Vingt lions nubiens rugissent dans leurs loges.

MUNDO.

Pour les loups du pays je garde mes éloges!

ATTILA.

Assez, Mundo! Silence!

MUNDO.

Oui, le silence est d'or;
Mais si je t'approuvais tu dirais : Parle encor!

ATTILA, montant sur le trône.

Guerriers huns, c'est un jour heureux pour mon empire;
Que dans tous les regards l'allégresse respire;
L'alliance de Rome affermit ma grandeur.
Recevez en amis son digne ambassadeur;
Ce n'est point un Romain des temps de décadence,
Scipion eut aimé sa fière indépendance;
Plus grand donc est l'honneur qu'on me fait aujourd'hui
Par le choix d'un tel homme. — Inclinez-vous; c'est lui.

(Maximin entre avec sa suite.)

Hildiga, viens ici, près du trône : ta place
Est là, car ta beauté, ta noblesse, ta grâce
Prouveront à la reine, et dès le premier jour,
Que tout n'est pas barbare en sa nouvelle cour.

SCÈNE V.

Les Mêmes, MAXIMIN.

MAXIMIN, s'inclinant devant Attila.

Moi, Maximin, tribun et propréteur de Rome,
Questeur provincial, salut à toi qu'on nomme
Attila, roi des Huns, fils de Moundzouckh.

ATTILA.

C'est bien.
Salut, ambassadeur de Valentinien !
Où donc est la princesse Honoria ? sans doute
Un repos, nécessaire après si longue route,
La retient quelque temps.

MAXIMIN.

Il n'en est pas ainsi ;
La sœur de l'empereur mon maître est loin d'ici.

ATTILA.

Quand viendra-t-elle alors ?

MAXIMIN.

Jamais.

ATTILA.

Jamais ? Tu railles !
Nous avons échangé l'anneau des fiançailles ;
Sa promesse est formelle, et rester loin de moi

C'est presque m'outrager, et c'est trahir sa foi.

MAXIMIN.

Elle la trahirait en venant, au contraire :
Avec l'assentiment de l'empereur son frère,
A l'intendant Eugène elle a donné sa main.

ATTILA.

Si tu n'as pas menti, malheur à toi, Romain !

MAXIMIN.

J'ai prévu ta fureur. Le temps dur où nous sommes
Aux horizons sanglants a formé l'œil des hommes ;
Le supplice et la mort ne nous étonnent plus :
Tout Romain doit avoir l'âme de Régulus !

ATTILA.

Écoute — à me calmer, tu le vois, je m'efforce —
Vos lois, que je connais, permettent le divorce ;
Qu'Honoria divorce et m'épouse. — Sinon,
La guerre recommence !

MAXIMIN.

           Attila, crois-tu donc
Que notre chute soit si complète et si prompte,
Que Rome à tout péril préfère toute honte !
Oui, tu nous as vaincus, tu peux nous vaincre encor ;
Nous pourrons te livrer nos richesses, notre or,
Nos colonnes de bronze et d'airain revêtues,
Une ville de marbre, un peuple de statues.

Nos temples, nos palais, nos vaisseaux, nos soldats,
Nos empereurs, nos dieux — mais nos femmes, non pas !
La matrone romaine esclave ou prisonnière,
C'est l'affront éternel et la honte dernière !
Honoria, parmi tes femmes, ne serait
Qu'une esclave de plus, et le monde dirait :
La fille des Césars — oui, du grand Théodose ! —
Se mêle au vil troupeau dont Attila dispose !
Si nous y consentions, — à défaut de nos dieux —
Lucrèce et Cornélie, orgueil de nos aïeux,
Souvenir qui sur nous en opprobre retombe,
Pour souffleter nos fils sortiraient de leur tombe !

ATTILA.

Va donc dire à vos fils, qui devront te bénir :
Préparez un palais, Attila va venir !
Ah ! c'est ainsi, Romain, que de moi l'on se joue ?
Tant qu'on est sous mes pieds, on me flatte, on me loue ;
Mais on devient perfide, insolent, glorieux,
Quand on me croit trop loin pour me venger. — Tant mieux
Tant mieux ! — Il est, vois-tu, j'y songe avec tristesse,
Deux villes que j'ai pu prendre : Rome et Lutèce !
Quand je les épargnai, ce fut un jour maudit.
Où passe mon cheval l'herbe meurt, a-t-on dit ;
Et l'herbe est verte aux bords de la Seine et du Tibre !
Le pape est triomphant et l'Empereur est libre !
Mais je réparerai cette faute bientôt,
Puisque j'ai sous la main le prétexte qu'il faut.

(Il va vers l'ambassadeur et lui saisit vivement la main.)

Viens, et regarde, là !

(Du geste il lui montre au loin, l'horizon, le fleuve, les montagnes.)

                        Ce Danube barbare,
Il est à moi ! Du monde ancien il nous sépare ;
Eh bien, je veux un jour que la Loire et le Rhin
Frémissent comme lui sous mon pied souverain ;
Je veux l'Europe, et puis l'Afrique, sans partage,
La terre et l'océan, Rome comme Carthage ;
Je veux, après la Grèce, après le Pont-Euxin,
L'Empire d'Orient, mon rival, mon voisin,
Son empereur Marcien depuis longtemps me brave...
Ce mauvais empereur ferait un bon esclave !
Oui, Romain, tout cela, vois-tu, je le ferai,
Et bientôt ! Tout cela, je le veux, je l'aurai !
Oui, quand viendra l'instant dont seul je serai juge,
Jamais l'homme n'aura vu de pareil déluge,
Et des peuples seront rayés de l'univers,
Comme si l'océan les avait recouverts !

MAXIMIN.

Fais cela, si tu veux ! Tu peux choisir en somme
Le chemin qui te plaît pour aller jusqu'à Rome,
Ou celui d'Annibal ou celui de Brennus ;
Mais plusieurs qui l'ont pris ne sont pas revenus !
Rome, par toi surprise et d'abord stupéfaite,
Te fit du moins payer assez cher sa défaite ;
Nous sommes avertis cette fois ; nous avons
L'expérience amère, et nous te la devons.
Ta première victoire est due à nos discordes ;

Mais reviens désormais, pousse vers nous tes hordes,
Et ce peuple, blessé par lui-même souvent,
Tu le retrouveras uni, libre et vivant !
— Maintenant, roi des Huns, ordonne mon supplice.

ATTILA.

Non ! De ton maître ici tu n'es que le complice,
Et je veux le punir avant toi, Maximin.
De Rome tu vas donc reprendre le chemin ;
Je te suivrai de près. À l'Empereur annonce
Que je dois lui porter moi-même ma réponse :
Je conduirai dans Rome une reine à mon tour,
Et tu verras César Auguste, chaque jour,
Esclave que le fouet aux pieds du maître amène,
Nous servir, elle et moi, sous la pourpre romaine !
— Mais ta présence assez longtemps me fatigua ;
(A la foule.)
Sortez tous à présent, oui, tous !
(Se retournant vers Hildiga.)

Reste, Hildiga.

SCÈNE VI.

HILDIGA, ATTILA.

ATTILA.

Je t'épouse, Hildiga.

HILDIGA.

Ciel !

ATTILA.

Tu ne peux prétendre
A discuter, après ce que tu viens d'entendre.

HILDIGA.

Je ne discute pas, je refuse.

ATTILA.

Il faut voir !
La princesse romaine est hors de mon pouvoir,
Mais toi tu m'appartiens. D'ailleurs, je le préfère.
Attila fait un roi quand il n'a rien à faire,
Il peut faire une reine, une reine de plus !
Ce sera toi.

HILDIGA.

Jamais !

ATTILA.

Pas de mots superflus !
Je te l'ai déjà dit, tu m'appartiens.

HILDIGA.

Peut-être !
Il est plus d'un chemin pour échapper au maître.

ATTILA, lui saisissant les mains.

Femme, ne vois-tu pas que je pourrais broyer
Cette main qui frissonne entre mes doigts d'acier?

HILDIGA.

Tu le peux, Attila ! Mais aucune torture
Ne me fera faiblir devant toi, je le jure !

ATTILA, lui lâchant les mains.

Eh bien ! si pour courber ce front audacieux
La souffrance n'a pas suffi, je ferai mieux.

(Il va vers le fond et appelle.)

Ulden !

(Ulden entre.)

Les prisonniers, Gaulois, Germain, Burgonde ?

ULDEN.

La plupart sont ici.

ATTILA.

C'est bien.

(A Hildiga.)

Tout me seconde !

(A Ulden.)
Sur-le-champ, dans le cirque, on les réunira.

ULDEN.

Et que fera-t-on d'eux après ?

ATTILA.

On attendra,
On attendra mon ordre.

(Ulden sort.)

ATTILA, à Hildiga.

Eh bien, tu dois comprendre,

Hildiga ?

HILDIGA.

Pas encore.

ATTILA.

        Il faut donc te l'apprendre :
Femme, ferme ton cœur aux espoirs insensés ;
Je peux tout, j'ose tout, je veux tout !

HILDIGA.

               Je le sais !

ATTILA.

Tu feras sans retard ce que de toi j'exige,
Ici, même, ce soir, tu le feras, te dis-je !
Sinon, les prisonniers, à l'instant même, ici,
Sous tes yeux, seront tous massacrés sans merci.
Entends-tu les lions qui rugissent de joie ?
Ils sentent que quelqu'un leur prépare la proie,
Et qu'on ne verra point, par leurs tristes regards,
Les lions d'Attila regretter les Césars !
— Et toi, comme jadis les Vestales à Rome
Décidaient de la vie ou de la mort d'un homme,
Décide, car pour eux le cirque va s'ouvrir,
Si ceux qui viendront là doivent vivre ou mourir !

HILDIGA.

Attila !... Non ! jamais ! Non ! ce n'est pas possible !

ATTILA, *prenant la hache suspendue à son côté.*

Femme, voici la hache ; eh bien, voilà la cible :
Tu vas voir, pour signal des meurtres qui suivront,
La hache d'Attila frapper ton père au front !

(Il brandit la hache comme prêt à la lancer.)

HILDIGA, *se précipitant sur lui et arrêtant sa main.*

Non ! arrête, Attila ! — Je comprends ma faiblesse ;
Je ne dirai plus rien désormais qui te blesse,
Toute lutte serait inégale entre nous ;
Mais sois plus généreux, je t'en prie à genoux !
Pardonne à la victime abattue, écrasée,
A la reine tremblante, à la femme brisée !
Si ton sort, quelque jour, changeait comme le mien,
Tu pourrais regretter.....

ATTILA.

Non, je n'entends plus rien !
Tes prières, tes pleurs sont encore un outrage ;
Dans ton abaissement, je sens ta sourde rage ;
J'aime, d'ailleurs, à voir ceux dont je suis haï
A mes genoux, pourvu que je sois obéi !

(Il la renverse à moitié.)

HILDIGA, *se relevant et le regardant fixement.*

J'obéirai.

ATTILA.

Peut-être un autre espoir te reste ?
Ou la fuite ou la mort ? vain espoir, je l'atteste !

4

Songe à mes prisonniers ! si tu fuis, ils mourront ;
Ils mourront si tu meurs. Tu m'obéiras donc,
Et tu m'obéiras sans larmes et sans plainte !
Ma fierté ne veut pas d'une épouse contrainte ;
Je ne veux pas surtout que l'on dise de toi :
Elle cède à la force en épousant le roi !
Je veux que les captifs, que ton père lui-même...

HILDIGA.

Tu crois qu'ils penseront, Attila, que je t'aime !

ATTILA.

Pourquoi pas? Je le veux !

HILDIGA.

                 Mais ils me maudiront
Et jetteront sur moi l'anathème et l'affront !

ATTILA.

Ce sera leur salut, crois-moi ! Leur indulgence
Sur eux appellerait tôt ou tard ma vengeance,
Je veux te voir par eux maudite comme moi ;
Mon orgueil a besoin de leur mépris pour toi !
Si d'un mot, d'un regard, d'un geste, d'un sourire,
Tu les avertissais de ton secret martyre,
A leur peu de fureur je le devinerais ;
Tout ce que l'on peut craindre, alors je le ferais !

HILDIGA.

Attila, j'ai compris, et je courbe la tête ;
Par ma honte à sauver mon peuple, je suis prête.

C'est cela que tu veux, n'est-ce pas ?

ATTILA.

C'est cela.

(Il se dirige vers le galerie, et crie en s'adressant en dehors.)

Écoutez tous, sujets ou captifs d'Attila,
Écoute, roi Herric ! Devant vous je proclame
Que la reine Hildiga ce soir sera ma femme ;
Venez lui rendre hommage ici même, à l'instant ;
Venez tous ! Attila près d'elle vous attend.

(Attila et Hildiga, debout l'un près de l'autre font face à la foule qui se précipite, le roi Herric en tête.)

SCÈNE VII.

ATTILA, HILDIGA, GÉRONTIA, WALTER, HERRIC,
PLUSIEURS AUTRES CAPTIFS ET HUNS.

HERRIC.

Ma fille (de ce nom encore je te nomme)
Ma fille, il a menti, n'est-il pas vrai, cet homme ?

HILDIGA.

Non, mon père ! sur moi vous avez trop compté,
Et j'épouse Attila selon ma volonté.

HERRIC.

Non, cela n'est pas vrai ! Chrétienne, reine et femme,
Tu ne descendrais pas à ce calcul infâme ;
Ce crime, quelque soit le prix qu'on puisse offrir,
Tu ne l'as pas commis, car tu pouvais mourir.

HILDIGA.

Tu crois, mon père !

HERRIC.

                    Non, je ne puis croire encore
Qu'une reine à ce point tombe et se déshonore.
Sais-tu, ma fille, avant de me répondre ainsi,
Sais-tu ce qu'ont souffert tous ceux qui sont ici ?
Ah ! ma fille, Hildiga, tu l'ignores sans doute ;
Eh bien, tous, à l'instant, vont te le dire ; écoute.

        (A un des captifs.)

— Toi, le premier.

GUNTHER.

                    Hier, notre maître surprit
Mon frère qui priait sur l'image du Christ ;
Le crucifix était de fer ; le Hun farouche
Le mit sur un brasier ardent, puis sur la bouche
De mon frère enchaîné colla le crucifix.
Mon frère est mort le soir.

HERRIC, à un autre captif.

                    Et toi ?

GALLUS.

                    J'avais un fils.
Son maître était plus doux que les autres peut-être ;
Un jour, rendu joyeux par l'hydromel, le maître
Dit à l'enfant : « Maudis tes pères les Gaulois ! »
L'enfant ne voulut pas ; on le fit mettre en croix.

HILDIGA.

Mon père..... Ah! c'est assez!... Penses-tu que j'ignore?...

HERRIC.

Attila mentait donc?

HILDIGA.

Non.

HERRIC.

Bien! — Écoute encore.

(A Gérontia.)

Femme, à ton tour.

GÉRONTIA.

Voici la chose comme elle est :
Je nourrissais mon fils, Hildiga, de mon lait,
La femme qui m'avait conduite en esclavage,
Et que l'on nomme Herklé, malgré son air sauvage,
Fut bonne en commençant pour mon fils et pour moi;
Un jour, elle me dit : « Il faut changer de foi
« Et renier ton Dieu d'abord, puis ta patrie. »
Ce qu'on me proposait, c'était l'idolâtrie,
Je refusai. La femme, elle, avait son dessein.
Le soir, comme à l'enfant j'allais donner le sein,
On me l'ôta. « Ton Dieu, dit ma sombre maîtresse,
« Saura jusqu'à demain soutenir sa détresse. »
Le lendemain, dès l'aube, on m'apporta mon fils,
Il me tendit les bras avec de joyeux cris;
Son front, sa joue étaient pâles comme sa lèvre,

Et dans ses yeux brillait le feu noir de la fièvre ;
« Ton Dieu, me dit Herklé, vous néglige souvent,
« Renonce à lui. — Jamais!... » Elle saisit l'enfant,
Et l'approcha de moi, tout près de la mamelle ;
D'autres femmes étaient là, qui riaient comme elle !
« Prends-le, me dit Herklé, mais renonce à ton Dieu.
« — Jamais!... » — On écarta de moi l'enfant, un peu
Seulement, de façon qu'il pouvait voir encore
Le sein gonflé de lait que son regard implore.
— Emportez-le, criai-je ! — On l'emporta. Le soir,
Herklé, tenant l'enfant, devant moi vint s'asseoir ;
Il n'avait plus de fièvre, et son œil semblait vide,
Et je voyais frémir sa bouche plus livide,
Et ses petites mains par un dernier effort
Me cherchaient... il allait mourir ; il n'est pas mort !
— Reine Hildiga, voilà ma misère, ma honte ;
Je la réparerai peut-être un jour, j'y compte.
Toi qui n'as pas de fils à sauver, dis-moi donc
L'excuse de ton crime et l'espoir du pardon !

HERRIG.

Ma fille, à moins que Dieu n'ait rejeté ton âme,
A moins que le démon déjà ne la réclame,
Après ce que tu viens d'entendre, tu feras
Ton devoir, et je peux t'ouvrir encore mes bras ?

HILDIGA.

Mon père, fermez-les ! je n'ai plus rien à dire.

HERRIC.

Non, je les lèverai sur toi pour te maudire !

(Se retournant vers les captifs.)

Et vous, mes compagnons, mes frères, aidez-moi
Dans ma juste vengeance et de père et de roi,
Crions-lui tous ensemble, au nom de la patrie :
Femme du roi des Huns, sois maudite et flétrie !

(Tous les captifs, excepté Walter, lèvent la main.)

TOUS.

Sois maudite, Hildiga !

HILDIGA, éperdue.

Mon père ! Ah ! malheureux !

(Rencontrant le regard d'Atila.)

Non, non ! C'est bien !

WALTER, descendant la scène et fléchissant un genou devant Hildiga.

Pardon pour ton père et pour eux !

HILDIGA.

Walter !

ATTILA, à part.

Walter... tant mieux !

WALTER.

Oui, pardonne à l'injure,
A tous ceux dont l'erreur te croit lâche et parjure ;
Ton âme en cet opprobre est plus sublime encor ;
Je te connais, j'ai vu briller l'étoile d'or,
Et s'il vient un moment où plus d'ombre la voile,

Je réponds : Ce n'est pas la faute de l'étoile !
Insultez le brouillard qui monte en grandissant
Et les vents orageux ; mais l'astre est innocent !

HILDIGA.

Non, non ! — Crois-moi, Walter : L'insulte et l'anathème,
Je les ai mérités : maudis-moi donc toi-même !

WALTER.

Non ; si Dieu t'accusait, comme ton père, hélas !
Je crirais même à Dieu : Tu ne la connais pas !

HERRIC.

Tu blasphèmes, Walter ! quoiqu'ici tout l'accuse,
Ta générosité lui veut faire une excuse,
Mais quand tu la verras accomplir son dessein,
Toute pitié mourra, j'en suis sûr, dans ton sein.
Avant que pour jamais son crime nous sépare,
Au festin nuptial, que sans doute on prépare,
Mes compagnons et moi nous serons tous présents,
Et nous y servirons la reine !

ATTILA.

J'y consens.

— Tu seras là, Walter ; je tiens à ta présence,
Tu t'es créé des droits à ma reconnaissance
En défendant la reine, et je trouverai bien
Pour t'en récompenser le temps et le moyen !

FIN DU SECOND ACTE.

ACTE TROISIÈME.

Même décor qu'au second acte. — Seulement on a placé tout autour de
la salle des tables et des sièges, et au milieu une estrade élevée avec
une table.

SCÈNE PREMIÈRE.

ATTILA, ULDEN.

ATTILA.

Mundo veut me parler, dis-tu? qu'il vienne vite :
J'ai peu de temps à perdre ; aujourd'hui tout m'irrite.
Va le chercher.

(Ulden sort.)

    C'est vrai qu'aujourd'hui tout va mal;
Tout ira mieux sans doute au festin nuptial.

(Mundo entre conduit par Ulden.)

SCÈNE II.

ATTILA, MUNDO.

ATTILA.

Que me veux-tu, Mundo? Ne peux-tu pas attendre ?
Cet entretien secret...

MUNDO.

    Non, maître, il faut m'entendre.

ATTILA.

A tes discours railleurs fais trève cette fois,
La fête nuptiale est prête, tu le vois,
La reine et son cortège avant peu vont paraître.

MUNDO.

Tu le sais comme moi, la loi hunnique, maître,
Veut qu'en un jour d'hymen, comme en un jour de mort,
Moi le chef des devins, j'interroge le sort.

ATTILA.

C'est vrai. Je reconnais, Mundo, ta prévoyance :
La veille du combat de Châlons, ta science
M'en prédisait l'issue, et moi je m'efforçai
De rendre moins complet le désastre annoncé.

MUNDO.

Eh bien, veille aujourd'hui sur la nouvelle reine ;
Je viens d'interroger les baguettes de chêne,
Elles ont répondu : — sache tout, il le faut, —
« Quelqu'un veut enlever la reine, ici, bientôt ».

ATTILA.

Ah! vraiment? Après tout, je comprends que la rage
Des captifs... Mais je veux en savoir davantage ;
Les baguettes de chêne ont-elles dit le nom
Du coupable et du fou qui croit ainsi...

MUNDO.

                                Non.

ATTILA.

                                        Non ?
Je le saurai. — Tu vois, je suis calme. À vrai dire,
Ce projet insensé vaut à peine un sourire ;
Je veux savoir ce nom ! — Herric ?

MUNDO.

                              Il se pourrait.

ATTILA.

Mes fils, Hernock, Ellak, qu'un commun intérêt ?...

MUNDO.

Il se pourrait aussi ; mais à moins d'une preuve...

ATTILA.

N'importe ; je les veux soumettre à quelque épreuve.
— Et Walter ?...

MUNDO.

                    Celui-là, c'est vraisemblable, au point
Que c'est peut-être faux ! attends : n'oublions point
Les femmes.

ATTILA.

        Tu croirais ?...

MUNDO.

                        Les femmes ! C'est très grave.
Cette Gérontia, par exemple...

ATTILA.

                        Oui, l'esclave ;
Je veux savoir ce nom !

MUNDO.

                        Cherche donc. Bon espoir.

ATTILA.

Ce matin, la princesse Honoria ! — Ce soir,
Hildiga !

MUNDO.

              Sur ce point tu ne veux pas m'en croire :
D'imiter les Césars tu te fais une gloire ;
Tes femmes se feront — ou ce serait hasard —
Un plaisir d'imiter la femme de César !

ATTILA.

Tais-toi, railleur !...

MUNDO.

                        S'il doit ou gémir ou se taire,
Un prophète est vraiment trop malheureux sur terre !

ATTILA.

Assez ! On vient. Surtout, de ceci pas un mot !

MUNDO.

Sois tranquille, je suis muet quand il le faut !

SCÈNE III.

ATTILA, MUNDO, HERNOCK, ELLAK, HERRIC, HILDIGA,
WALTER, cortège.

ATTILA, *cherchant autour de lui.*

Herric... Ellak, Walter... Walter !

(Apercevant Hernock qui porte les fers qu'on lui a mis au premier acte.)

Hernock... Approche,

Mon fils. Je fus sévère, et je me le reproche,
Envers toi.

HERNOCK.

Tu fis bien : j'avais désobéi.

ATTILA.

Ainsi, tu te repens, Hernock, de ta faute ?

HERNOCK.

Oui.

ATTILA.

Je vais donc ordonner à l'instant qu'on détache
Tes fers...

HERNOCK.

Je les aurais brisés avec ma hache
Si je l'avais voulu ; mais je les garderai.

ATTILA.

Jusques à quand ?

HERNOCK.

Jusqu'à l'heure où je servirai
Mon père et ses desseins d'une façon si haute
Que je ne puisse plus me reprocher ma faute.

ATTILA.

Je reconnais mon fils.

(A Mundo.)

Ce n'est pas Hernock ?

MUNDO.

Non.

ATTILA.

Et cependant, il faut que je sache ce nom!
(Apercevant Ellak.)
Ellak, quelle faveur puis-je aujourd'hui te faire !
Que me demandes-tu ?

ELLAK.

La grâce de ma mère.

ATTILA.

Son crime fut trop grand ! — Cependant, je verrai,
Il faut attendre encor.

ELLAK.

Mon père, j'attendrai.

ATTILA, à part.

Ce n'est pas lui, non plus !

(Allant vers le cortège d'Hildiga.)

Viens, reine, c'est moi-même
Qui sur ton jeune front mettrai le diadème.

HILDIGA, *à part, sur le devant de la scène pendant qu'Attila va prendre le diadème*
des mains des prêtresses.

Ah ! pour que Dieu, mêlant la douleur à l'affront,
Place cette couronne horrible sur mon front,
Qu'ai-je donc fait de mal quand j'en portais une autre !
Et Walter..? Il est là ! — Quel martyre est le nôtre !
Ah ! des conseils d'Ellak se faisant une loi,
Puisse-t-il rester calme et muet comme moi !
Car hélas ! qu'on l'honore, ou l'accuse, ou le brave,
Le silence est le seul complice de l'esclave !

ATTILA.

(Il prend la couronne de la main des prêtresses et la place sur la tête d'Hildiga.)

Maintenant observons la loi des Huns en tout :
Tandis qu'à ses côtés le roi reste debout,
La reine, avant d'entrer dans la nuit nuptiale,
Doit s'asseoir seule encore à la table royale ;
Et le roi le premier, c'est l'usage formel,
Dans la coupe de fer lui verse l'hydromel.
Après le roi, tous ceux que lui-même il désigne,
Servent la reine, fiers de cet honneur insigne ;
Puis, tous prennent leur place au festin. Seul, le roi
Est debout devant elle. Observons donc la loi
A ton tour, roi Herric, verse à boire à ta fille.

HERRIC, *versant de l'hydromel dans la coupe d'Hildiga qui reste immobile et froide.*

A ta femme, Attila ! Je n'ai plus de famille.

ATTILA, à part.

Ce n'est pas lui ! — Voyons les autres, oui, voyons ;
Cette Gérontia, que j'oublie... Essayons.

(Il appelle Gérontia du geste.)

Sers la reine à ton tour, femme.

GÉRONTIA, montant vers Hildiga, et prenant une amphore.

                Du vin des Gaules,
Reine des Huns ! nos fils aux robustes épaules,
Quand ils ont travaillé bravement jusqu'au soir,
En voyant le jus d'or ruisseler du pressoir,
Se disent : Qui le boit se remplit de sa flamme !
— Reine, nos fils ont tort.

ATTILA, à part.

                Ce n'est pas cette femme.
— Walter, verse à ton tour, toi son fidèle ami,
A la reine !

(Walter s'approche, prend une amphore des mains d'une esclave et verse à Hildiga.)

La main de Walter a frémi !

(Levant sa coupe.)

A la reine Hildiga, guerriers huns !

TOUS.

                   A la reine !

ATTILA, montrant du geste la foule au dehors.

A la foule à présent, prodiguez bison, renne,

Cerf, élan, coq, perdrix, n'épargnez rien : le roi
Nourrit son peuple.

MUNDO.

C'est le contraire, je croi,
Que l'on voit d'habitude, et par un sort étrange,
Quand le peuple a tué le coq, le roi le mange !

ATTILA, riant.

Fort bien dit ! Cependant, si c'est vrai, penses-tu
Que ces peuples, pour qui j'aurai tout combattu,
Se souviendront de moi ?

MUNDO.

Trop bonne est leur mémoire !

ATTILA.

Ils m'admirent sans doute aujourd'hui dans ma gloire,
Oui, mais que diront-ils à ma mort, cher devin ?

MUNDO.

Les uns diront : Hélas ! Et les autres : Enfin !

ATTILA.

C'est possible ! à présent, cherche un peu dans ta tête,
Selon l'usage, un chant digne de cette fête.

(Il lui présente une coupe.)

Mais d'abord bois ceci.

MUNDO.

Tu me prierais en vain :

5

Les poëtes à Rome avaient besoin de vin,
Leurs cerveaux s'allumaient aux flammes du Cécube;
Mais aux poëtes huns l'eau vierge du Danube
Suffit bien, et nos vers trempés comme l'acier
Ont le goût de la neige et le froid du glacier!

(Attila lui fait un signe.)

J'obéis, mais ma muse est bien barbare, maître,
La reine aimerait mieux des vers plus doux peut-être,
Et je crains...

ATTILA.

Nous allons en juger aujourd'hui.

(A part.)
Walter se trahira, car sans doute c'est lui.

MUNDO, au milieu.

I

Qu'il chante l'épée ou le glaive,
Le poëte grec ou romain;
Ces armes qu'un vieillard soulève,
Qu'un enfant pèse dans sa main,
Mon vers sauvage les méprise!
Mais l'arme qui perce et qui brise,
Bonne à tout gigantesque effort,
Qui vole, broie, enfonce, arrache,
Je l'aime! Et je chante la hache
D'Attila, frère de la mort!

II

Elle porte dans sa poignée
Le fer que le dieu Mars perdit,

Elle a pour tranchant la cognée
Qui tua le dragon Fafslit ;
Elle brille : hordes rivales,
Accourez ! Hennissez, cavales !
Venez, les corbeaux et les loups !
Du Tanaïs, des monts Carpathes
Ours, allongez vos lourdes pattes !
La hache a travaillé pour vous !

III

O blanches filles des Burgondes,
Pourquoi hurlez-vous, le sein nu ?
C'est qu'il saisit vos tresses blondes,
Le porteur de hache inconnu ;
Pourquoi le nuage qui passe
De rougeurs remplit-il l'espace ?
C'est qu'il a bu le sang germain,
C'est que l'aquilon le promène
Sur l'immense hécatombe humaine
Que la hache a faite en chemin !

IV

Et toi, reine Hildiga, dont l'âme
A banni son Dieu d'autrefois,
Accepte pour épithalame
Ce chant des Huns aux rudes voix ;
Dans ta grandeur nouvelle, oublie
Et les Gaules et l'Italie,
Car tes amours ne sont plus là ;
Ouvre au maître ton cœur farouche,
Et dors dans la terrible couche,
Près de la hache d'Attila !

(Les Huns lèvent leurs coupes en jetant des cris. Hildiga reste impassible.)

ATTILA.

Walter, viens avec nous applaudir le poète ;
Ton admiration ne peut rester muette ;
Ces vers te plaisent-ils? Allons, parle, obéis.

WALTER, froidement.

Ton poète a raison : il chante son pays.

HERRIC, bas.

Bien, Walter !

ATTILA, à part.

       Sa prudence encore le protège,
Voyons si cette fois il évite le piège.
(Se mettant au milieu des Huns.)
Le poète a dit vrai, guerriers : dès ce moment,
Hildiga, femme et reine, est à moi seulement ;
(Il mène Hildiga au trône.)
Captifs qui partagiez naguère sa fortune,
Votre aspect désormais me gêne et m'importune ;
Dans ses yeux, dans son cœur, tout doit être effacé
De ce qui lui pourrait rappeler le passé.
— Donc, quittez ce palais à l'instant ; je vous donne
A tous la liberté. Partez.
(Les captifs restent immobiles.)
       Eh ! quoi, personne
Ne me répond ? Aucun de vous ne fait un pas ?
Burgondes, Francs, Germains, ne m'entendez-vous pas ?
Ma générosité vous semble-t-elle un leurre ?

Je vous le dis à tous : Soyez libres sur l'heure !
Je le dis à chacun...

A Gérontia.)

A toi, femme, d'abord.
Ne répondras-tu rien ?

GÉRONTIA.

Maître, mon fils est mort ;
Nous autres, au malheur notre âme s'habitue ;
L'esclavage est meilleur aux enfants : il les tue !
J'ai trahi pour mon fils Dieu qui me frappe en lui ;
J'étais mère : je fus lâche ! mais aujourd'hui
Ma douleur serait courte et serait mensongère
Si je le laissais seul sous la terre étrangère ;
Je veux rester ici près de l'humble cercueil,
Et c'est l'unique joie où se plaise mon deuil,
Car Dieu fit, en brisant nos plus douces chimères,
Du tombeau des enfants une patrie aux mères !

ATTILA.

Reste donc, j'y consens. — Roi Herric, viens plus près.
Tu ne peux refuser, toi, ce qu'à tous j'offrais ;
Je t'offre encor, voulant une réponse prompte,
Herric, la liberté...

HERRIC.

Non, tu m'offres la honte,
Car on pourrait penser, de trop juste façon,

Que l'honneur de ma fille a payé ma rançon !

ATTILA.

Tu peux rester, vieillard, si c'est là ta pensée ;
Mais mon offre à Walter sera mieux adressée :
Walter ne peut avoir de raisons, en effet,
Qui lui fassent ici repousser ce bienfait :
Il va donc accepter, malgré le vieux précepte,
Les dons d'un ennemi...

WALTER.

                Prends garde si j'accepte !
Écoute, et nous verrons si tu m'offres après
La liberté, sachant ce que, moi, j'en ferais :
En Germanie, en Gaule, en Italie, en Grèce,
Partout où dans l'effroi ton image se dresse,
Où cent peuples, chassés comme de grands troupeaux,
Vont sans espoir, sans but, sans guide, sans drapeaux,
J'irai, dans les cités, au fond des solitudes,
Rassembler contre toi toutes ces multitudes,
Enflammer la vertu, régénérer la peur,
Arracher le courage à sa longue stupeur,
Et prouver qu'un seul homme, au jour expiatoire,
Peut à l'honneur enfin rappeler la victoire !

ATTILA.

Donc, pour vaincre Attila tu crois qu'il suffirait
D'un seul homme ?

WALTER.

A Lutèce une femme l'a fait !
Les hommes voulaient fuir devant toi ; — sur la grève,
Une femme parut, son nom est Geneviève.
Elle leur dit : « Partez ! Mais, nous vous le jurons,
« Épouses, filles, sœurs, mères, nous resterons ! »
Ils restèrent. Dès lors, la crainte et l'égoïsme
S'enfuirent emportés d'un souffle d'héroïsme,
La vaillante cité de fer se hérissa,
Et quand Attila vint, il eut peur et passa !
Eh bien ! j'imiterai la sainte prophétesse,
J'irai trouver là-bas les soldats de Lutèce,
Je leur dirai : Je viens, si je n'ai trop d'orgueil,
Dans vos murs consacrés par la gloire et le deuil,
Créer le point d'appui du monde qui chancelle ;
Soyons les artisans de l'œuvre universelle ;
Qu'ils s'appellent Gaulois, Franc, Burgonde ou Germain,
Aux peuples éperdus montrons le vrai chemin,
N'attendons pas les Huns chez nous, comme naguère,
Dans l'antre de ces loups allons porter la guerre,
Et les vieux étendards, dont nos temples sont fiers,
Joints aux jeunes drapeaux, sauveront l'univers !

ATTILA.

C'est trop d'orgueil, Walter, et trop de hardiesse.

(Montrant les drapeaux qui entourent le trône.)

Ton drapeau, le voici : le vaisseau de Lutèce,
Avec l'aigle romaine et le dragon germain,

Ornement de mon trône, il est là sous ma main ;
Il ne s'enfuira point : mes gardes sont fidèles.

WALTER.

Comme l'aigle, Attila, ce navire a des ailes,
Et le jour n'est pas loin, après ces vils affronts,
Où le captif prendra son vol ! Nous l'aiderons.

ATTILA.

Pour proclamer si haut tes projets, ce me semble,
Il te plaît donc beaucoup que nous restions ensemble ?
Je m'en doutais, Walter, et j'en voulais avoir
Une preuve en t'offrant la liberté ce soir ;
Mais je n'en tiens que plus à ton départ. — Va dire
Aux femmes de Lutèce, avec ton fier sourire,
Que la reine Hildiga tu l'as laissée ici...

WALTER.

Eh bien ! nous reviendrons la délivrer aussi !

HILDIGA, descendant du trône.

Walter !

WALTER.

    Non, non ! En vain je me fais violence
Pour contraindre mon cœur à ce lâche silence !
Plus de feinte entre nous, Attila : le soupçon
Que je lis dans tes yeux sombres, il a raison !
Oui, cette femme, à l'heure où tout affront se lave,
Je viendrai l'arracher à son trône d'esclave,

Et je l'emporterai, joyeux et frémissant,
Après avoir lavé ton crime dans ton sang,
Oui, je ferai cela, je le dis à toi-même...

ATTILA.

Parce que tu l'aimais ?

WALTER.

Et parce que je l'aime !

ATTILA.

Tu l'aimes ?

WALTER.

Oui, je l'aime.

ATTILA.

Alors, tu vas mourir !

WALTER.

Qu'importe si ma mort aide à la secourir,
Si ce crime de plus, que dès longtemps tu rêves,
Des archanges vengeurs va réveiller les glaives !

ATTILA.

Toi du moins, rien ici ne peut te secourir,
— Cet homme m'a bravé, cet homme va mourir !

TOUS LES HUNS.

Oui, la mort !

HILDIGA se précipitant vers Attila.

Attila !

ATTILA, bas.

Tu sais... rien ne m'arrête !

(A la foule des Huns, leur montrant Walter.)

Amis, lequel de vous fera tomber sa tête ?

LES HUNS.

Moi ! Moi !

HERNOCK, bondissant au milieu.

Non, attendez ! Je suis le fils du roi,
Et je ne veux ici d'autre bourreau que moi !
Walter est prince ; il faut qu'à son titre s'attache
Un dernier privilège : il mourra sous ma hache !

(D'un effort de ses mains il brise les fers qu'il porte depuis le premier acte.)

ATTILA, allant à lui.

Prends la mienne, mon fils, et, d'un cœur aussi fier
Prêtons au châtiment, toi le bras, moi le fer !

(Il donne sa hache à Hernock.)

WALTER.

Adieu donc, roi des Huns ; je vais calme à la tombe :
Ce n'est pas mon honneur, c'est ma tête qui tombe !
De ma vie à ton gré tu peux trancher le cours,
Quelque chose de moi t'échappera toujours :
Tu peux prendre, Attila, Byzance, Athènes, Rome,
La Gaule, l'univers... mais non l'âme d'un homme !
Tu n'empêcheras pas que mon dernier adieu
N'aille à celle que j'aime en m'en allant à Dieu,
Que son nom, sur le seuil de l'éternel mystère,

Ne soit le dernier cri que je jette à la terre ;
Le pouvoir de l'amour est plus fort que le tien,
Et mon dernier regard rencontrera le sien !

ATTILA.

Tu te trompes, Walter ! ton insolente audace
N'obtiendra même pas cette dernière grâce :
— Sur le front de la reine, esclaves, abaissez
Ses longs voiles...

(Les femmes couvrent de son voile blanc le visage d'Hildigs, dont on voit seulement
le corps frissonner par moments dans la suite de la scène.

                              Walter, tout est dit. C'est assez.
Tu ne la verras plus ! Soldats, qu'on accomplisse
Mes ordres sur-le-champ : qu'on le traîne au supplice :
Nous allons voir, Walter, si l'orgueil, ton soutien,
Te suivra jusqu'au bord du tombeau...

WALTER.

                                        Pense au tien !
Un jour quelque vainqueur, pareil à toi sans doute,
Si dure qu'elle soit, en brisera la voûte,
Les vents emporteront ce qui fut Attila,
Et les vents ne seront pas plus lourds pour cela !
— Adieu donc ! — Et toi, toi, reine en qui semble unie
Toute la force à tout le malheur, sois bénie !
Ton courage et le mien se devinent assez ;
Le cœur de Geneviève est en toi, je le sais !

Comme la nuit, où va mon âme consolée
Par ce dernier espoir, sois muette et voilée,
Pour que dans cette nuit ouverte à mon essor
Mon âme en s'envolant te reconnaisse encor !

(A Herric, qui le serre dans ses bras.)

Adieu, mon père !

HERNOCK.

Allons, Walter ! peux-tu prétendre...

WALTER.

Hernock, excuse-moi si je t'ai fait attendre.
Quelque force qu'un prince ici-bas puisse avoir,
Son désir est plus vaste encor que son pouvoir ;
Attila, que l'on sait de son temps économe,
N'a pourtant pris encor ni Lutèce ni Rome !
Si tu règnes un jour, il faut t'habituer
A ces retards ; — allons, prince, viens me tuer !

(Il sort suivi d'Hernock.)

SCÈNE IV.

ATTILA, HILDIGA, GÉRONTIA, HERRIC, foule des huns,
captifs, puis HERKLE.

HILDIGA

Arrêtez ! Arrêtez !

(Attila se tourne vers elle.)

Attila ! — C'est infâme !
Tu ne commettras pas ce crime !

ATTILA, *la repoussant et la contenant.*

Tais-toi, femme !
Ton père après Walter, si tu dis un seul mot !
Et je te traîne, là, jusqu'au sanglant billot !

(Il la rejette sur le devant de la scène.)

HERRIG, *allant vers Attila.*

Maître, je ne viens pas prier pour ta victime ;
Je vois trop dans tes yeux la démence du crime !
Prends-y garde, Attila : pour toi, pour tes pareils,
La foudre tout à coup a d'éclatants réveils !
Je regardais ta hache à l'instant même... Maître,
L'ouvrier qui la fit, songeant à toi peut-être,
Lui donna deux tranchants dans un double dessein :
L'un frappe la victime et l'autre l'assassin !
Interroge les Dieux !

HECKLE, *paraissant au fond.*

Attila, pas de grâce !
La lance du dieu Thor sous le ciel sombre passe,
On entend dans les bois les trois Nornes hurler,
Et leur soif a besoin du sang qui va couler !

ATTILA, *à Herrig.*

Les dieux ont répondu, roi ; c'est l'arrêt suprême ;

(Cris dehors, tous les captifs tombent à genoux.)

HILDIGA *à Gérontia qui est agenouillée à gauche, et lui parlant tout bas en frémissant.*

Ah ! ces cris ! Il est mort ! Gérontia... toi-même

Comprends-moi : Le venger. — Mais regarde-moi donc !
Il est mort !

GÉRONTIA.

Le venger ?

HILDIGA.

Oui, comprends-moi !

GÉRONTIA.

Pardon !

Je comprends maintenant...

SCÈNE V.

HILDIGA, GERONTIA, ATTILA, MUNDO, ULDEN, HERNOCK ;
FOULE DES HUNS.

(Hernock rentre, portant la hache d'Attila qu'il place sur une table au milieu.)

HERNOCK, à Attila.

Voici ta hache, père ;
Elle et moi, nous t'avons bien servi, je l'espère.
Et nous pourrons encor te servir au besoin.

HILDIGA, à part.

Tu l'entends, juste ciel !

GÉRONTIA.

Juste ciel, sois témoin !

HILDIGA.

Allons, Gérontia ! que ta main se détache
De la mienne, il le faut. Allons !

(S'arrêtant en regardant la table.)

Oh ! cette hache !

ATTILA.

Guerriers huns, j'ai vengé votre affront et le mien ;
N'y songeons plus, le sang d'un homme, ce n'est rien !
Femmes, la nuit avance, il convient qu'à cette heure,
La reine aille trouver sa nouvelle demeure ;
Vous, prêtresses d'Odin, vous, esclaves, menez
La reine jusqu'au lit royal, et revenez.
Nous, guerriers, au festin ! dressez vos hautes tailles ;
Buvons ! — Clairons, sonnez comme pour les batailles,
Et que vos rauques sons réveillent en sursaut
Les Dieux épouvantés, s'il est des Dieux là-haut.

FIN DU TROISIÈME ACTE.

ACTE QUATRIÈME.

Une vaste chambre sans meubles. — Tentures de soie et d'or, — A droite une large porte. — Au fond une porte fermée par des tentures. — A gauche une autre porte dans l'obscurité.

SCÈNE PREMIÈRE.

HILDIGA, GÉRONTIA, HERKLÉ, CORTÉGE.

HERKLÉ, entrant par la porte de droite, à la tête des prêtresses d'Odin, montrant la chambre à droite. (Hildiga et Gérontia arrivent de gauche.)

Reine des Huns, voici la chambre nuptiale ;
Dépose, avant d'entrer, la couronne royale
Avec le sceptre d'or : tu n'es plus reine ici,
Mais épouse : Remets entre nos mains aussi
Le poignard.

HILDIGA.

Le poignard… Pourquoi ?

HERKLÉ.

C'est le symbole
Du cœur qui se désarme et du cœur qui s'immole !

(Les prêtresses enlèvent à Hildiga tous ses insignes.)

Reste seule à présent.

HILDIGA.

Vous me quittez déjà ?

HERKLÉ.

La sœur du grand Odin, la déesse Freja,
Qui sur les nuits d'hymen jette son voile sombre,
Seule avant ton époux doit te parler dans l'ombre ;
Tremble de lui déplaire !

GÉRONTIA, à la tête des captives.

Hildiga, devant toi
L'on invoque ces Dieux de l'ombre et de l'effroi ;
La prêtresse d'Odin t'a parlé la première ;
Moi, j'invoque le Dieu des pays de lumière.
C'est lui qui pour sauver son peuple illumina
Les sommets de l'Horeb et les flancs du Sina.
Il est terrible et doux ; c'est le Dieu qui fait vivre
Elias au désert ; c'est le Dieu qui délivre
Daniel des lions, de la faim Ismaël,
C'est le Dieu de Judith et le Dieu de Jaël !
C'est lui, le Sabaoth des armes légitimes,
Qui vient dans les éclairs au secours des victimes
Et qui fait, sous le ciel obscurci par moment,
Rouler les chars d'airain porteurs du châtiment !

HERKLÉ.

Assez, femmes ! Laissons la reine, je l'ordonne.
Prêtresses, emportez le poignard, la couronne,
La ceinture et le sceptre. Allons.

(Les femmes obéissent et sortent avec elle par la porte de gauche.

6

SCÈNE II.

HILDIGA, seule.

                              Il va venir,
Attila ! Le festin ne peut le retenir
Plus longtemps, et bientôt avec lui renfermée...
— Un couteau, seulement un couteau ! Désarmée !
J'appartiens à ce monstre ! Anges qui m'écoutez,
Il ouvrirait pour moi ses bras ensanglantés !
O faiblesse du corps ! O frêle main de femme
Qui ne suffit pas seule au service de l'âme !
Ne pouvoir si je veux fuir un suprême affront,
Ne pouvoir, que briser sur la terre mon front !
— Me tuer ?... Lui vivra cependant, si j'expire,
Dans les prospérités de son hideux empire ;
Il vivra fier, fatal, craint éternellement,
L'assassin de Walter... Un couteau seulement !
— Pas une arme ! Cherchons ici...
(Elle parcourt la chambre d'un pas rapide.)

                                        Rien ! De la soie
Et de la pourpre ! Rien ! Le tigre tient sa proie.
Je veux trouver pourtant ! Cherchons, cherchons encor.
(Elle cherche avec les mains sur les tentures, puis va vers la chambre du fond.)
Ici... peut-être !
(Revenant.)
              Ah !
(Elle s'éloigne avec un geste d'horreur et de dégoût.)
                              Rien !... O vengeance ! O devoir !
O Walter, cher martyr ! Il n'est donc plus d'espoir !

C'est ma faute : j'ai mis mon espoir en moi seule,
Comme le grain de blé qui, broyé sous la meule,
Pour soulever ce poids se croirait assez fort !
Pardonnez-moi, mon Dieu : mon orgueil avait tort ;
Je ne peux rien sans vous, c'est vers vous que je crie ;
Seigneur, armez ma main frémissante et meurtrie,
Et de l'humble victime abattue à moitié,
Dieu juste, Dieu clément, prenez enfin pitié !

(Gérontia entre rapidement par la porte de gauche, regardant derrière elle comme craignant d'être vue.)

<h2 style="text-align:center">SCÈNE III.</h2>

HILDIGA, GÉRONTIA.

GÉRONTIA.

J'ai l'arme qu'il te faut.

HILDIGA.

Ah ! ciel !

GÉRONTIA.

Oui, c'est la hache

D'Attila ; sous mon voile encore je la cache,
Car on pourrait nous voir. Je l'ai prise là-bas,
Pendant la fête ; mais quelqu'un suivait mes pas,
Dans l'ombre ; je l'ai cru du moins. — Maintenant, reine,
Prends garde que trop tôt ton espoir ne t'entraîne ;
La hache que j'apporte, à ton tour cache-la
Jusqu'au moment propice.

HILDIGA.

Oui, ma sœur.

GÉRONTIA.

Où donc?

BILDIGA, montrant la chambre du fond.

Là,

Au pied du lit royal où m'attendait la honte !

(Gérontia entre dans la chambre du fond, et y place la hache à l'endroit qu'Hildiga lui
désigne du geste.)

GÉRONTIA, revenant.

Tout est bien. Maintenant, ainsi que toi je compte,
Sur ton courage ; mais à ce sanglant péril,
A ce rude travail, ton bras suffira-t-il ?

HILDIGA.

Enfant, j'ai vu souvent, dans nos forêts lointaines,
Les bûcherons gaulois ouvrir le cœur des chênes ;
Je ferai comme ils font, pour savoir à coup sûr
Si le cœur d'Attila plus que le chêne est dur !

GÉRONTIA.

Bien ! défends ton honneur et ta gloire et ta vie ;
Mais le coup que tu vas frapper, je te l'envie ;
Tu vas frapper au nom des puissants d'ici-bas,
Des rois du monde anc'en vaincus dans cent combats ;
Tu résumes en toi ces hautes infortunes ;
Je représente, moi, les misères communes,
L'humble peuple sans nom, sans aïeux, sans foyers,
Un million d'humains par Attila broyés.
Holocauste effroyable, hécatombe vivante,
Que la mort seule arrache à sa morne épouvante !
— Peut-être que bientôt, quel que soit le danger,

Ici même, Hildiga, je pourrai les venger ;
Joignons donc, une fois la lutte commencée,
Nos efforts différents dans la même pensée;
Venge les rois, c'est bien ; mais ma part, je la veux ;
En frappant, songe au peuple aussi, frappe pour deux !
Frappe, reine Hildiga ! si le ciel nous seconde,
Deux femmes suffiront à délivrer le monde !
Adieu donc, quelqu'un vient, je te laisse, il le faut.

HILDIGA.

Est-ce Attila ?

GÉRONTIA.

Non, non, c'est Ellak. A bientôt !

(Elle se retire au fond, et sort après l'entrée d'Ellak.)

SCÈNE IV.

HILDIGA, ELLAK.

ELLAK.

Reine, un seul mot : Walter — oui, sous la hache même ! —
M'a dit : Sauve Hildiga ! C'est son ordre suprême,
Et j'obéis. J'ai pu sans retard prévenir
Ton père ; suis-moi donc ; Attila va venir.

HILDIGA.

Sauve mon père ; moi, je reste.

ELLAK.

Est-il possible !
Ce matin, tu trouvais ton esclavage horrible,
Tu voulais fuir ; ce soir, lorsque Walter est mort,

Épouse d'Attila, tu consens à ton sort !

 HILDIGA.

Ne m'interroge pas.

ELLAK.

         Quelle est donc ta pensée ?
Ton âme faiblit-elle ou s'est-elle abaissée ?
Ta nouvelle grandeur...

HILDIGA.

         Malheureux ! Que dis-tu ?

ELLAK.

Non, j'outrage à la fois ta gloire et ta vertu ;
Tu n'y saurais manquer, je le sais.

HILDIGA.

         Je l'espère !

ELLAK.

Suis-moi donc.

HILDIGA.

     Non.

ELLAK.

         Alors, tu veux tuer mon père !

HILDIGA.

C'est vrai. Dénonce-moi ; fais ton devoir de fils,
Ou je ferai le mien comme je te le dis.
Condamne donc ton père ou moi. Qu'il t'en souvienne :
Si tu parles, ma mort ; si tu te tais, la sienne !

ELLAK.

Parle encore, Hildiga, car je doute, éperdu
Dans l'effroi de mon cœur, si j'ai bien entendu !

Que t'ai-je fait? Pourquoi m'imposer ce supplice
D'être ton assassin ou d'être ton complice?
Si je n'avertis point mon père, ce n'est pas,
Ce n'est pas seulement le livrer au trépas :
La vieille loi des Huns regarde comme infâme
Le roi même qui meurt de la main d'une femme;
Point de bûcher pour lui, point de tombeau sacré,
On jette aux chiens hurlants son corps déshonoré;
Cet opprobre à son nom laisse une longue trace,
La honte de sa mort s'étend jusqu'à sa race,
Ses fils restent flétris et croient voir en passant
Dans l'œil rouge des chiens la couleur de son sang!
— Puis-je vouloir cela, moi? Plus il m'est sévère,
Plus mon devoir est grand envers lui : c'est mon père!
Mais si je l'avertis, pour toi pas de pardon,
Et sous mes yeux peut-être... Ah! Dieu! comprends-moi
                                            [donc!
Prends pitié de ce cœur que l'angoisse déchire;
Va, tu l'épargnerais si tu pouvais y lire!
Renonce à ton dessein, je t'en prie à genoux;
Ton père nous attend; viens, et pars avec nous.

HILDIGA.

Et Walter!

ELLAK.

            Walter même a conseillé ta fuite,
Je te l'ai dit. — Enfin, fais-moi grâce!... Elle hésite...
N'hésite plus! Partons.

HILDIGA.

                        O Walter, tu l'entends,

Tu nous vois de là-haut : sois juge ! — Il n'est plus temps,
Attila vient.

ELLAK.

Hélas !

HILDIGA, montrant la chambre du fond.

Ici je vais attendre
Son arrêt et le mien.

ELLAK.

Va : tu pourras entendre
Ce que je vais lui dire ; il me reste un espoir.

HILDIGA.

Adieu. Comme je fais le mien, fait ton devoir.

(Elle disparaît dans la chambre du fond, Attila entre.)

SCÈNE V.

ELLAK, ATTILA.

ELLAK.

Oui, c'est mon père...

ATTILA.

Ellak ! D'où vient qu'à cette place
Je te vois à cette heure ? Une pareille audace...

ELLAK.

Mon père, écoute-moi. Tu m'as toujours trouvé
Fils docile et soumis...

ATTILA.

C'est vrai. Tu m'as prouvé
Qu'un fils peut racheter le crime de sa mère.

ELLAK.

Alors, daigne à présent m'écouter sans colère :
Une femme est ici, le désespoir au cœur,
Frissonnante, attendant l'implacable vainqueur...

ATTILA.

Ellak, prends garde à toi !

ELLAK.

    Non, je remplis ma tâche ;
Mon silence serait coupable autant que lâche :
En la servant, c'est toi que je sers ; je me mets
Entre vous pour sauver l'un de l'autre à jamais ;
Oui, la reine Hildiga, crois-moi quand je te crie :
Rends-lui la liberté, son père, sa patrie ;
Le sang est entre vous. N'attends pas un instant !

ATTILA.

Es-tu fou ? Suis-je fou moi-même en t'écoutant ?
Qui me juge est hardi, qui me condamne est traître ;
Ce que je fais est bon, puisque je suis le maître !
Le crime de Walter fut son amour.

ELLAK.

     Eh bien,
Frappe-moi comme lui, car son crime est le mien !

ATTILA.

Misérable ! — Et sans doute elle sait...

ELLAK.

     Non, mon père :
L'horreur d'être le fils d'Attila m'a fait taire !

ATTILA.

Ce mot coûtera cher à qui l'a prononcé !

ELLAK.

Qu'il te sauve du moins, puisqu'il t'est adressé !

ATTILA.

Me sauver ! que veux-tu dire ? Qui me menace ?

ELLAK.

Je ne sais pas !

ATTILA.

Je veux que tu parles.

ELLAK.

De grâce !

Ne m'interroge plus.

ATTILA.

Tu mentais donc, alors ?
Mais ton secret espoir, malgré tous tes efforts,
Se trahit par là même. — Oui, je le vois, perfide,
Ton cœur sombre est rempli d'un rêve parricide.
— Ta mère t'a donné l'exemple : la prison
A seule jusqu'ici puni sa trahison ;
Mais dès demain, Ellak, j'ordonne son supplice.

ELLAK.

Entre ma mère et toi s'il faut que je choisisse...

ATTILA.

Tu me sacrifierais pour elle, je le sais !
Tes vœux ne seront pas de sitôt exaucés.
En attendant ce jour que ton cœur vil espère,
Elle mourra.

ELLAK.

Mon père !

ATTILA.

Allons ! Va-t'en !

ELLAK.

Mon père!

ATTILA.

Je ne suis plus ton père !

ELLAK.

Eh bien donc, Attila !

Je voulais t'arracher Hildiga...

(En sortant.)

Garde-la !

SCÈNE VI.

ATTILA, seul.

Une menace !... Au fond des choses qu'il veut taire,
Je sens une menace en effet, un mystère !
— Hildiga... C'est bizarre ! En vain depuis un mois
Je cherche... Et cependant, je suis sûr qu'autrefois...
Oui, oui, je l'avais vue... Où donc ? Cela m'obsède ;
Ce doute me poursuit, m'irrite, me possède ;
Tout à l'heure, pendant le festin, j'ai cru voir...
Cherchons encore !... À Trève, il me souvient qu'un soir,
Dans un temple chrétien, j'entrai. Jusqu'aux fenêtres
S'élevaient entassés des cadavres de prêtres ;
J'allai plus loin. Soudain j'aperçus, peinte au mur,
Une femme debout sur un globe d'azur
Et tenant sous ses pieds, souriante et tranquille,
Un serpent..... vainement le colossal reptile
Tordait ses nœuds, cherchait à s'enfuir en rampant ;
Le pied nu de la femme écrasait le serpent !
— Cette femme... Hildiga ! C'est cela : c'était elle !

Seulement, Hildiga, quand je me le rappelle,
A le front plus altier et le regard plus dur.
Mais c'était son image! A présent j'en suis sûr.
— Une femme, un serpent... Enseignement étrange!
Pour ces peuples chrétiens la femme, c'est l'archange;
La femme, c'est la force autant que la vertu,
Autant que la beauté! — Mensonge! — Qu'en sais-tu?
Attila, qu'en sais-tu?

(Rêveur, puis souriant.)

    Parler, agir en maître,
Dompter un cœur, n'est rien; Mais le gagner... peut-être!
Ce serait un triomphe éclatant..... Essayons!

(Il va vers la chambre d'Hildiga, et s'arrête.)

Étaient-ce des éclairs, étaient-ce des rayons
Dont était entourée, ainsi que dans un rêve,
Cette femme aux yeux bleus dans l'église de Trève?
— Toujours ce souvenir! Lâche cœur que le mien!
Non, je veux...

(Appelant.)

  Hildiga!

(Il va vers la porte du fond.)

    Mais elle tarde bien!

Hildiga!

SCÈNE VII.

ATTILA, HILDIGA.

ATTILA, souriant.

Viens ici, reine. Ta main frissonne;

As-tu peur?

HILDIGA.

Je n'ai peur de toi ni de personne.

ATTILA.

C'est bien. Mais il faut mieux. Haine, mépris, courroux,
N'est-il pas d'avenir moins funeste pour nous?

HILDIGA.

Non, aucun.

ATTILA.

Jusqu'ici, c'est vrai, tout nous sépare;
Tu ne connais en moi que le vainqueur barbare;
Et pourtant tes aïeux, les Burgondes, les Francs,
Les Alains ou les Goths, en des jours différents,
Barbares nés aussi du sol dur où nous sommes,
D'une moindre terreur n'ont pas frappé les hommes!

HILDIGA.

Dieu les a châtiés, comme il te châtira.

ATTILA.

D'autres viendront après, et Dieu le permettra!
Les lamentations sont la voix de la terre.
Des hommes, se passant la torche héréditaire,
De main en main, ainsi que le père aux enfants,
De siècle en siècle vont, maudits et triomphants,
Choisir le lieu nouveau de l'immense incendie,
Et, ne laissant jamais la terre refroidie,
Effrayants, effrayés eux-mêmes, sous ce vent

De tempête et de mort qui les pousse en avant,
Ils jettent au soleil, à la nuit, aux abîmes,
De sinistres sanglots que vous nommez leurs crimes !
— Ces hommes, Hildiga, ces hommes, tu les hais
Comme tout l'univers doit les haïr. Plains-les !

HILDIGA.

Moi les plaindre ?

ATTILA.

　　　　　Oui ! Je sais que ton âme en murmure ;
Leur fureur, tu la vois ; — as-tu vu leur torture ?
Je suis un de ceux-là ; je connais la terreur
De vivre enveloppé de sa propre fureur ;
C'est ma vie, et ce gouffre incessamment se creuse.
Mes yeux même ont horreur de cette chose affreuse :
Le sang ! Et chaque jour un démon plus puissant
Me crie au fond du cœur : Tu dois verser le sang !
A Châlons, vers le soir, les cavaliers Gépides
Traversaient les ruisseaux rouges et plus rapides,
Leurs chevaux abreuvés dans le sang des Romains
Couraient avec des cris féroces presque humains,
Et le mien, bondissant dans la plaine embrasée,
M'éclaboussait le front d'une ardente rosée !
Je me dis : Plus de sang désormais, plus de sang !
Le lendemain, le fleuve allait s'élargissant,
Car je recommençai l'effroyable tuerie !
Et c'est ainsi toujours ! Dans mon cœur la furie
Qui dormait, comme dort dans son antre le loup,
Se réveille et se met à hurler tout à coup !

Alors, il faut tuer, hier, demain encore,
Faire à des jours sanglants une sanglante aurore,
Inspirer et subir un éternel effroi,
Et n'oser regarder dans son âme... Plains-moi !

HILDIGA.

Hypocrites remords ! J'appris à te connaître.

ATTILA.

Eh bien ! oui, c'était vrai tout à l'heure peut-être :
Ton cœur que j'ai brisé, je voulais l'attendrir,
Et j'ai pris ce chemin qui me semblait s'offrir ;
Oui, j'ai feint les remords... mais à présent, que sais-je ?
Je me suis en parlant pris à mon propre piège !
Je peux, je veux changer, et dès ce soir, ici,
Prouver.....

HILDIGA.

Les Attila ne changent pas ainsi !

ATTILA.

Tu te trompes ! Écoute ; au fond de ma pensée,
J'ai revu tout à l'heure une image effacée,
L'image d'une femme. Elle te ressemblait,
Ton regard est semblable au sien qui me troublait
J'ai cru la retrouver, sous l'ampleur de tes voiles,
Avec tes sombres yeux levés vers les étoiles,
Avec tes derniers pleurs sur ton visage blanc
Et le dernier frisson de tout ton corps tremblant !
J'ai fait un rêve alors dans le fond de mon âme,
Et j'ose encor, le faire, Hildiga : cette femme,
Après m'avoir longtemps en silence entendu,

Par un regard meilleur enfin m'a répondu.
— Dis-moi, reine Hildiga, que ce n'est pas un rêve.

HILDIGA.

J'ai fait un rêve aussi, par qui le tien s'achève.
Un homme, menaçant, caressant à la fois,
Me parlait, et mon cœur bondissait à sa voix !
Il était là, croyant charmer comme on opprime,
Debout sous l'auréole effroyable du crime ;
Je ne sais quel espoir le rendait plus hideux.
Il s'avançait vers moi, nous étions seuls tous deux ;
Mais Dieu veillait : soudain, quand, dans l'affreuse joie
De son crime, cet homme allait saisir sa proie,
Moi, courbée et brisée et sans espoir humain,
Je me dressai... j'avais une arme dans la main !
— D'où vint-elle ? Comment ? Je ne sais, et qu'importe ? —
L'arme est pesante, mais le cœur fait la main forte ;
Je choisis, d'un regard aussi prompt que l'éclair,
La place où le frapper... l'arme troua la chair ;
Un flot de sang jaillit de sa poitrine ouverte ;
Chancelant, il battait l'air de son bras inerte ;
Et bientôt, dans la rage et la honte et l'effroi,
Il tombait mort ! — Cet homme, Attila, c'était toi.

ATTILA.

Ce n'est qu'un rêve.

HILDIGA.

Non ! l'arme surnaturelle,
Que les archanges noirs apportent sous leur aile
Est peut-être déjà dans ta propre maison,

Ton fils t'avertissait, ton fils avait raison.
De tes gardes en vain l'on doublerait le nombre,
L'œil fixé de Judith pèse sur toi dans l'ombre !
Messagère d'un Dieu que tu ne connais pas,
Elle va se dresser tout à coup sous tes pas ;
Mais elle ne veut point ton sommeil pour complice,
Car il t'épargnerait la honte du supplice ;
Elle veut, en marchant sur toi le fer en main,
Voir l'effroi de la mort à ton front inhumain ;
Elle l'y voit déjà !

ATTILA.

Tu mens !

HILDIGA.

Non ; le vertige

Est déjà dans tes yeux. Tu vas mourir, te dis-je !
Ton esclave te tient, maître ! L'heure a sonné
Où dans son cœur de fer l'impie a frissonné !
Songe à tous tes forfaits dont l'ombre à toi s'attache,
Songe à Walter qui vient de tomber sous ta hache ;
Tes chiens boivent son sang au seuil de ton palais ;
Tes chiens ont encor soif de sang, — appelle-les !
— Cette femme, Attila, le spectre de ton rêve,
C'est moi ; regarde bien !

ATTILA, à part.

Oui, la femme de Trève !

HILDIGA.

Tremble donc ! J'eus aussi de barbares aïeux,
C'est le sang de leur cœur qui me brûle les yeux !
Regarde ! Je te hais, et d'une haine telle

Que je la sens — autant que mon âme — immortelle !
Et que j'aimerais mieux le supplice éternel
Si Dieu me défendait de te haïr au ciel !

ATTILA.

Eh bien ! donc, je te hais aussi, je te hais ! L'heure
Réservée à l'amour pour la haine est meilleure !
Je hais tes pleurs, l'effroi que tu veux contenir,
Et je hais ta beauté qui va m'appartenir !
Demain, toi qui faisais le compte de mes crimes,
J'ajouterai ton nom à mes autres victimes ;
Ce soir, j'aurai l'orgueil, qu'en vain tu maudiras,
De voir tes cris de haine expirer dans mes bras !

HILDIGA.

Viens donc, maître : j'attends !

ATTILA.

> Il n'est plus de refuge
Pour l'esclave, et la femme est à moi.

HILDIGA.

> Dieu nous juge !

(Hildiga entre en reculant dans la chambre où Attila la suit. La scène reste vide un instant. Tout à coup on entend la voix d'Attila.)

ATTILA, dans la chambre.

A moi, gardes ! A moi, Mundo ! Mon fils, mon fils !

SCÈNE VIII.

MUNDO, HERNOCK, HERRIC, LA FOULE, puis HILDIGA
et plus tard ATTILA.

HERNOCK.

C'est la voix de mon père ! Oui, c'est là que ces cris...

HILDIGA, *paraissant à la porte du fond, pâle, sanglante, la hache à la main.*

Venez tous, venez voir Attila rendre l'âme !
Il est mort de ma main, de la main d'une femme !
— Jetez son corps aux chiens !

(A Hernock.)

Fils d'Attila, viens voir !

Assassin de Walter, vois : j'ai fait mon devoir.

(Elle le pousse violemment de la main vers la chambre.)

HERNOCK, *ressortant de la chambre.*

Misérable ! Soldats, vengeons d'abord mon père !
Vengeons-le dans le sang de la reine étrangère,
Tuez-la !

ATTILA, *pâli, chancelant, couvert de sang.*

La tuer ! qui ? la reine ? Pourquoi ?
Inclinez-vous devant la reine, comme moi !

HERNOCK.

Elle vient d'avouer elle-même son crime,
Elle a frappé...

ATTILA.

Qui donc ? où donc est sa victime ?

HERNOCK.

Toi, père ! elle l'avoue.

ATTILA.

Elle est folle, elle ment !
Je défends qu'on la croie en son égarement.

HERNOCK.

Mais regarde ! ton sang sur ta poitrine, père...

ATTILA, *bas, en l'amenant sur le devant de la scène.*

Mon nom flétri, mes fils chassés. Laisse-moi faire !

C'est égal ! qui m'eût dit ? — Si ! Mundo le disait :
Le vautour, la colombe... Allons... c'en est donc fait !

(À la foule.)

Peuple, écoute ! saisi d'un étrange vertige,
J'ai voulu me tuer... oui, c'est ainsi, vous dis-je !
Et je me suis jeté, pour que le coup fût sûr,
Moi-même sur ma hache, en l'appuyant au mur !
La frayeur de la reine a causé sa folie ;
Tout ce qu'elle a dit là, j'ordonne qu'on l'oublie !

(Bas.)

— Hernock, l'on affirmait que les Francs, les Gaulois,
Près du Danube... *Prends garde !*

HERRIC, entrant.

Ma fille !

HILDIGA, montrant Attila.

Vois,

Mon père !

ATTILA.

Roi Herric, c'est toi ? Quelle tristesse
D'être roi, n'est-ce pas ?

(Il chancelle, puis se redresse.)

Je veux brûler Lutèce !
Rome aussi ! — Quel massacre aux portes d'Orléans !
Tout un mois ! — Les géants écrasaient les géants !

(Délirant.)

Du sang ! du sang ! du sang ! Elle monte, la flamme !
Mourir, moi !... qui l'a dit ? De la main d'une femme !
Non ! jamais !... Qu'on éloigne Hildiga ! sous ses yeux
Je ne veux pas mourir...

(À Hernack.)

Fils, écoute... je veux

Que le drapeau des Huns, puisqu'il faut que je meure,

Flotte encor devant moi... jusqu'à ma dernière heure...

Et que le chant des Huns accompagne aujourd'hui

Mon âme... Le drapeau des Huns !

(Il aperçoit le drapeau de Lutèce porté par Gérontia qui entre à la tête des captifs délivrés.)

Ce n'est pas lui !

— Le drapeau de Lutèce !

SCÈNE IX ET DERNIÈRE.

Les Mêmes, GÉRONTIA, captifs, entourant Hernack et les Huns qu'ils menacent de leurs armes.

HERRIC.

Attila, l'œuvre est faite.

Tes soldats et leurs chefs, au milieu de la fête,

Ivres morts, sans combat sont tombés sous nos coups,

Le palais est en flamme et la ville est à nous.

ATTILA, regardant autour de lui.

C'est donc vrai ! loin de moi ce drapeau... l'autre, l'autre !

— Le chant des Huns !... je veux...

HERRIC, faisant signe à Gérontia.

Non, pas le tien : le nôtre !

GÉRONTIA, élevant le drapeau au-dessus d'Attila, qui recule et le regarde avec terreur et stupeur, pendant le chœur qui suit.

Il est libre ! — Des jours d'angoisse et de tristesse

Il sort vainqueur, blessé comme un guerrier au flanc !

Flotte au vent, fier drapeau des soldats de Lutèce,

Bleu comme leur regard, rouge comme leur sang !

Il est libre! On disait : « Dans la tempête noire,
« Sur le rocher perfide et sous le flot grondant,
« Le vaisseau de Lutèce, avec sa vieille gloire,
« A péri pour jamais. » — Regardez cependant!

Ce vaisseau que berce le fleuve,
Après la sombre et rude épreuve,
Il va vers les jours radieux,
Vers la paix qui semblait un rêve,
Vers la liberté qui se lève,
Vers le Dieu vainqueur des faux dieux!

Si le vent redouble de rage...
O vaisseau, fatigue l'orage,
Dis à l'écueil : Que fais-tu là?
Et ne crains plus, car Dieu te garde,
Sous la vague obscure et bagarde,
La rencontre des Attila !

ATTILA.

Attila... qui parlait d'Attila ? qu'on l'enlève,
Ce drapeau !

(Voyant Hildigs immobile à gauche sur le seuil.)

Tout s'écroule.... Il est fini, le rêve !

(Il chancelle.)

HERNOCK.

Mon père!

ATTILA.

Adieu, mon fils... je t'aimais! — C'est assez !
Je meurs... Saluez tous la reine... obéissez.

(Il tombe aux pieds d'Hildigs.)

FIN.

NOTE-VARIANTE

Si l'on veut rendre le dénoûment plus rapide, la pièce pourrait finir comme il suit.

. . . .

Inclinez-vous devant la reine comme moi.

HERNOCK.

Mais regarde ! Ton sang sur ta poitrine, père...

ATTILA, bas, en l'emmenant sur le devant de la scène.

Mon nom flétri, mes fils chassés... laisse-moi faire !
C'est égal ! qui m'eût dit ? Si ! Mundo le disait :
Le vautour, la colombe... Allons !... C'en est donc fait !

(A la foule.)

Ecoutez tous ! Saisi d'un étrange vertige,
J'ai voulu me tuer... oui, c'est ainsi, vous dis-je !
Et je me suis jeté, pour que le coup fût sûr,
Moi-même sur ma hache, en l'appuyant au mur !
La frayeur de la reine a causé sa folie !
Tout ce qu'elle a dit là, j'ordonne qu'on l'oublie !

(Bas.)

Hernoch, l'on affirmait que les Francs, les Gaulois,
Près du Danube... prends garde !

HERNIG, entrant.

Ma fille !

HILDIGA, lui montrant Attila.

Vois.

Mon père !

ATTILA.

        Roi Herric, c'est toi? Quelle tristesse
D'être roi, n'est-ce pas?

                      (Il chancelle, puis se relève.)
             Je veux brûler Lutèce!
Rome aussi! — Quel massacre aux portes d'Orléans!
Tout un mois!... Les géants écrasaient les géants!
(Délirant.)
— Du sang!... du sang! du sang!

HERRIC.

                   Attila, l'œuvre est faite.
Tes soldats et leurs chefs, au milieu de la fête,
Ivres morts, sans combat sont tombés sous nos coups,
Le palais est en flamme et la ville est à nous,
Le drapeau de Lutèce est libre!

(Le fond du théâtre s'ouvre et laisse voir l'incendie. La foule des captifs armés se précipite sur la scène et entoure Attila et les derniers Huns. Géroltia debout au milieu tient en main le drapeau de Lutèce.)

ATTILA.

               Qu'on l'enlève,
Ce drapeau!... Tout s'écroule!... Il est fini, le rêve!

HERNOCK.

Mon père!...

ATTILA.

        Adieu, mon fils... Je t'aimais! c'est assez!
Je meurs... Saluez tous la reine... obéissez!

               (Il tombe aux pieds d'Hildig.)

Société anonyme d'imprimerie, Paul DUPONT, Pr. Paris, 41, rue J.-J.-Rousseau.

DU MÊME AUTEUR

LA FILLE DE ROLAND
Drame en 4 actes en vers
QUARANTIÈME ÉDITION
1 volume in-8° cavalier, prix : 3 fr. 50 c.

RÉPERTOIRE DU THÉÂTRE MODERNE
ET BIBLIOTHÈQUE DE LA SOCIÉTÉ DES AUTEURS DRAMATIQUES

EXTRAIT DU CATALOGUE

Adrienne Lecouvreur, comédie-drame en 5 actes, par MM. Eugène Scribe et E. Legouvé . . . . » 60
L'Article 47, drame en 5 actes et 6 tableaux, par Adolphe Belot . . . 3 50
Nos Alliées, comédie en 3 actes, par Pol Moreau, in-18 . . . . . . 2 »
La Blanchisseuse de Berg-op-Zoom, opérette en 3 actes, par MM. Chivot et A. Duru . . . . 1 »
La Bergère de la rue Monthabor, comédie-vaudeville en 4 actes, par MM. Eugène Labiche et Delacour . . . . 2 »
Lise Tavernier, drame en 5 actes et 7 tableaux, par A. Dayort . . . . 2 »
La Main leste, comédie-vaudeville en 1 acte, par MM. Eugène Labiche et Édouard Martin . . . . 1 »
Brûlons Voltaire, comédie en 1 acte, par MM. E. Labiche et Louis Leroy . 1 »
La Cagnotte, comédie-vaudeville en 5 actes, par MM. E. Labiche et Delacour . 2 »
Le Canard à Trois Becs, opéra-bouffe en 3 actes, par M. Jules Moinaux . 1 50
Le Carnaval d'un Merle Blanc, folie parée et masquée en 3 actes, par MM. Chivot et A. Duru . . . . 2 »
Le Cachemire X. B. T., comédie en 1 acte, par MM. E. Labiche et E. Nus . 1 »
Célimare le Bien-aimé, comédie-vaudeville en 3 actes, par MM. E. Labiche et Delacour . . . . 1 »
Le Commandant Frochard, comédie en 3 actes, par Hippolyte Bimart et Raymond Deslandes . . . . 2 »
Le Cousin Jacques, comédie en 3 actes, par Louis Leroy . . . . 2 »
Doit-on le dire ? comédie en 3 actes, par MM. E. Labiche et Duru . . . 2 »
Les Deux Noces de Boisjoli, vaudeville en 4 actes, par Alfred Duru . . 2 »
Les Enfants, drame en 3 actes, par M. Georges Richard . . . . 2 »
L'Ennemie, comédie en 3 actes, par MM. Eug. Labiche et Delacour . . . 2 »
Une Femme qui Bégaie, vaudeville en 1 acte, par M. Jules Bevard . . . 1 »
Fleur de Thé, opéra-bouffe en 3 actes, par MM. A. Duru et H. Chivot . . 1 50
Les Forfaits de Pippermann, vaudeville en 1 acte, par MM. Chivot et Duru . 1 »
La Grammaire, comédie-vaudeville en 1 acte, par MM. E. Labiche et Jolly . 1 »
Un Habit par la Fenêtre, vaudeville en 1 acte, par M. J. Renard . . . 1 »
Raydée ou le Secret, opéra-comique en 4 actes, par M. E. Scribe . . . 1 »
Garanti Dix Ans, comédie en 1 acte, par MM. E. Labiche et Ph. Gille . . 1 »
L'Homme qui masque la Coche, comédie-vaudeville en 3 actes, par MM. E. Labiche et Delacour . . . . 2 »
Jean la Poste, drame anglais en 3 actes, par Dion Boucicault, arrangé par E. Nus . 2 50
Les Médecins, pièce en 5 actes, par MM. Eug. Nus et E. Brisebarre . . 2 »
Moi, comédie en 3 actes, par MM. Eug. Labiche et Ed. Martin . . . . . 2 »
Les Maniaques, comédie en 1 acte, par E. Letraileux et A. Vanloo . . . 1 »
La Marquise, pièce en 4 actes, par MM. Eug. Nus et Adolphe Belot . . . 2 »
Le Parricide, drame en 5 actes, par Adolphe Belot . . . . 2 »
Les Petits Oiseaux, comédie en 3 actes, par MM. E. Labiche et Delacour . 2 »
Le Porte-Cigare, comédie en 1 acte, par M. Raymond Deslandes . . . . 1 »
Les Projets de ma Tante, comédie en 1 acte, par Henri Nicolle . . . . 1 »
Le Petit Voyage, pochade en 1 acte, par M. Eugène Labiche . . . . . . 1 »
Un Pied dans le Crime, comédie-vaudeville en 3 actes, par MM. E. Labiche et A. Choler . . . . 2 »
Le Beau-Frère, pièce en 5 actes, par M. Adolphe Belot . . . . 2 »
Madame est trop belle, comédie en 3 actes, par MM. E. Labiche et A. Duru . 2 »
Un Maître en service, comédie en 1 acte, par MM. A. Second et J. Belot . 1 »
Le Roman d'un Père, pièce en 3 actes, par Léopold Stapleaux . . . . . 2 »
Les Rêves de Marguerite, comédie en 1 acte, par E. Vanderos . . . . . 1 »
Les Samedis de Madame, comédie en 3 actes, par MM. E. Labiche et A. Duru . 2 »
Les Trente-sept Sous de M. Montaudoin, comédie-vaudeville en 1 acte, par MM. Labiche et E. Martin . . . . 1 »
Les Tribulations d'un témoin, pièce en 3 actes, par M. A. de Cornuelles . 1 »
Les Trente Millions de Gladiator, comédie-vaudeville en 4 actes, par MM. E. Labiche et P. Gille . . . . 2 »
La Vieillesse de Brididi, vaudeville en 1 acte, par MM. Cantel et H. Rochefort . 1 »
Le Voyage en Chine, opéra-comique en 3 actes, par MM. E. Labiche et Delacour . 1 »
Vingt-neuf degrés à l'Ombre, comédie en 1 acte, par M. E. Labiche . . 1 »

Paris. — Société anonyme d'imprimerie. — Paul Dupont, r. 10. 28 bis. 1.56.

www.ingramcontent.com/pod-product-compliance
Ingram Content Group UK Ltd.
Pitfield, Milton Keynes, MK11 3LW, UK
UKHW022035170726
13837UKWH00002B/603